诠释学视域下的
隐喻与真理问题研究

丁蔓 著

西南财经大学出版社
Southwestern University of Finance & Economics Press
中国·成都

图书在版编目(CIP)数据

诠释学视域下的隐喻与真理问题研究/丁蔓著.—成都:西南财经大学出版社,2021.6
ISBN 978-7-5504-4901-5

Ⅰ.①诠… Ⅱ.①丁… Ⅲ.①阐释学—研究 Ⅳ.①B089.2

中国版本图书馆 CIP 数据核字(2021)第 098638 号

诠释学视域下的隐喻与真理问题研究
QUANSHIXUE SHIYU XIA DE YINYU YU ZHENLI WENTI YANJIU
丁蔓 著

出版策划	中兴学人(北京)国际文化传播有限责任公司
策 划 人	龙英碧　任文玉
责任编辑	王利
封面设计	何东琳设计工作室
责任印制	朱曼丽
出版发行	西南财经大学出版社(四川省成都市光华村街 55 号)
网　　址	http://www.bookcj.com
电子邮件	bookcj@swufe.edu.cn
邮政编码	610074
电　　话	028-87353785
照　　排	四川胜翔数码印务设计有限公司
印　　刷	郫县犀浦印刷厂
成品尺寸	170mm×240mm
印　　张	10.75
字　　数	197 千字
版　　次	2021 年 6 月第 1 版
印　　次	2021 年 6 月第 1 次印刷
书　　号	ISBN 978-7-5504-4901-5
定　　价	68.00 元

1. 版权所有,翻印必究。
2. 如有印刷、装订等差错,可向本社营销部调换。

前　言

隐喻是一种普遍的语言现象，它广泛地存在于各类文本和话语中。对隐喻的研究自古希腊修辞学开始直到今天从未停止过。隐喻的研究历史不仅是人类对其认识充满矛盾的历史，也是隐喻的历史地位随真理观不断变化而变迁的历史。把隐喻仅仅限制在修辞学和诗学领域，或是认知层面是不够的。海德格尔对存在与真理问题生存论意义的揭示和伽达默尔对理解真理性地位的确立，为隐喻的本体论意义研究奠定了理论基础。因此，从诠释学视角审视并阐述隐喻的概念及其地位具有重要的意义。隐喻的概念及其特性是什么？隐喻在什么意义下具有本体论意义？它能够揭蔽存在吗？它与真理和世界有着怎样的关系？这些都成为厘清隐喻与真理关系的关键问题。本书从诠释学视域出发，在对隐喻和真理的概念及其特性进行诠释的基础上，对隐喻的本体论地位展开了探讨。奠基于生活世界的隐喻是存在之真理的显现，是实践智慧。隐喻作为世界经验，是人类生存最为切实的经验并同时构成我们的"现实"。它凝聚了我们人类生活的全部意义，并向世界和未来敞开。

本书从分析隐喻和真理的概念入手，阐明了在生存论视域下所指的隐喻和真理的内涵：隐喻是"此在"（Dasein）在生存境域中对存在的理解，它是存在之真理的显现，是此在与世界打交道中的世界经验；真理是通过此在的展开状态才能有的揭示状态，是进行揭示的存在。在这一语境下，本书论证了隐喻作为存在之真理的显现是如何展现存在揭蔽真理的。在论证隐喻与真理的关系之后，本书从动态的角度分析了随真理观的变化而不断变迁的隐喻的历史地位，对隐喻的理解体现了人类理解所具有的历史性和现实性。本书指明了存在之真理指向的意义世界对于人类存在的重要意义。在这样的框架下，本书用六章对论题展开了阐述。第一章对20世纪后半叶认知科学、语言学和哲学领域对隐喻的研究做了概述。第二章在诠释学视域下分析了隐喻和真理的概念及其特性，明确了在诠释学视域下隐喻和真理的内涵。第三章在存在、真理和隐喻的生存论结构基础上，论证了隐喻作为存在之真理显现的结构特征。这一章从生存论结构入手详细分析了存在、真理和隐喻的生存论之维。存在问题必须以此在作为出发点,并在此在对在世存在者的理解中实现,而隐喻是此在对存在的理解,在这一存在理解中得到揭示的正是无蔽之真理。隐喻作为存在之真理的显现,具有三个结构性特征:对话性、揭蔽性和事件性。第四章从繁荣、萧条、焦点三个历史阶段对隐喻的历史地位变迁做了定性梳理。隐喻历史地位的变迁与时代的真理观总是紧密相关的,从对确定性真理的追求到对科学方法论和认识论的重视,再到20世纪的诠释学真理观。随着真理观的变化,隐喻从修辞学和诗学的地位到急剧退场的地位,再到成为焦点的地位。隐喻历史地位的变迁也体现了人类认识受到历史境域和现实需要的双重影响。第五章论证了存在之真理指向意义世界,而意义世界的语言性意味着隐喻使意义世界显现并构造了我们的"现实"。真理作为进行揭示的存在在此在的理解中实现。而这种理解一般是在谈话中的相互理解和相互作用的过程中产生的。在理解中被揭示的存在指向意义世界,而意义世界通过语言才能得以显现。隐喻使存在之真理显现并构造了我们的意义世界。隐喻是实践智慧,它凝聚了我们的世界经验,并在不断积累的世界经验中产生新的把握或理解。隐喻构造的意义世界不是虚幻的,而是奠基于生活世界的我们的"现实"。第六章是全书的结论。

对隐喻展现存在、揭蔽真理的本体论地位以及隐喻构造意义世界的论述,凸显了诠释学视域下隐喻、真理和世界的关系,从而让我们可以摆脱科学理性的技术本质对我们的生存意义和价值的束缚,重新回归人类的生活世界。隐喻的开放性、揭蔽性真正体现了人在把握存在之时与世界共在、与语言共在。意义世界现实性的确立,让精神科学恢复其应有的真理性合法地位。精神科学不是科学的陪衬物,而是关乎我们生存意义和价值的精神源泉。人类理解的意义世界,是人类价值的最高追求。

丁蔓

2021 年 5 月

Preface

Metaphor is a common phenomenon of language in all kinds of texts and discourses. Since ancient Greek rhetoric, study on metaphor has never stopped. The history of metaphor study is one of conflicting understanding and is also one with the changes of truth theories. However, it is not convincing to confine metaphor within rhetoric and poetics, or cognitive science, because many questions about metaphor are unanswered. Both Heidegger's Hermeneutics of *Dasein* and Gadamer's philosophical hermeneutics form a solid foundation for further study on metaphor, so it is of significance to expound the meaning and characteristics of metaphor from the perspective of hermeneutics. How can we define metaphor? In what sense does metaphor have ontological significance? Is it possible for metaphor to disclose being? What's the relationship among metaphor, truth and being? These are key questions to clarify the relationship between metaphor and truth. This book intends to explore the ontological significance based on the interpretation of metaphor from hermeneutical point of view. Rooted in life-world (*Lebenswelt*), Metaphor is the representation of truth of being and practical wisdom. Metaphor, as the world experience that is the basic experience of human existence, structures our "reality". It gathers the meaning of our life and opens to the world and the future.

This research starts from elaborating the meaning of metaphor and truth from the perspective of existentialism. Metaphor is the understanding of being of *Dasein* under the situations of existence, which is the representation of truth of being and world experience of humans in coping with the world. Truth is the disclosing state of being by the unfolding of *Dasein*. Based on such interpretation of metaphor and truth, the dissertation illustrates how metaphors reveal being and disclose truth. Then, it is analyzed that the role of metaphor in history changes with truth theories, which shows historicality and actuality of human understanding. At last, it is discussed that the fact that the truth of being points to the world of meaning is of great importance for humans. With the framework mentioned, the dissertation consists of five chapters. The first chapter is the literature review of metaphor study in the field of cognitive science, linguistics and philosophy in last 50 years. Chapter two focuses on the concept analysis of metaphor and truth from hermeneutical point of view. Then, chapter three explains three structural features of metaphor as the representation of truth of being: dialogicality, discloseness and eventness. Chapter four summarizes the actual development of metaphor in "prosperity—depression—focus" three periods and the role of metaphor has changed with the times and truth theories. From the pursuit of truth of certainty to the importance attached to methodology and epistemology, then to the existentialism of truth theory in the 20th century, the role of metaphor has changed from only within rhetoric and poetics to the withdrawing status, then to the focus of 20th century. Such development reflects the fact that human understanding is greatly influenced by historical situations and requirements of reality. Chapter five expounds that truth of being points to the world of meaning, which is of linguistic features. Therefore, metaphor discloses world of meaning and structures "reality". Truth, as disclosing being, can be realized only in the understanding of *Dasein* and understanding happens in the interacting and understanding of dialogue. Being disclosed in understanding, points to the world of meaning which can be revealed only by language. Metaphor is practical wisdom, which gathers our world experience and plans for new understanding with the accumulation of experience. The world of meaning structured by metaphor is not illusory, but our "reality" based on "life-world".

Theexplanation of metaphor as representation of being and discloseness of truth from ontological significance, highlights the relation among metaphor, truth and world from the hermeneutical point of view. With such perspective, we are able to return to "life-world", free from the confinement of technology essence of scientific rationality. Discloseness and openness of metaphor reflects the facts that humans when understanding being, co-exist with the world and language. The actuality of the world of meaning justifies the validity of the human sciences, which is its truthfulness. Human sciences do not just serve as a foil for science but is concerned with the existential meaning and value of our life. Meaning world of understanding is the highest pursuit of human value.

Ding Man
May 2021

目 录

第一章　绪论 / 1

　第一节　隐喻与真理问题研究的意义 / 1

　　　一、隐喻和真理问题的困惑 / 1

　　　二、研究的意义 / 3

　第二节　国内外相关研究综述 / 4

　　　一、国外隐喻相关研究综述 / 4

　　　二、国内隐喻相关研究综述 / 12

　第三节　研究的思路、方法及创新点 / 17

　　　一、研究的思路与方法 / 17

　　　二、研究的主要创新点 / 18

第二章　诠释学视域下隐喻与真理的概念及其特性分析 / 20

　第一节　隐喻的概念及其特性分析 / 23

　　　一、隐喻的概念分析 / 23

　　　二、隐喻的范畴分析 / 29

　　　三、隐喻的话语性 / 32

　　　四、隐喻的开放性 / 35

　第二节　真理的概念及其特性分析 / 40

　　　一、真理的概念分析 / 42

二、真理的可揭蔽性 / 48

三、真理的事件性 / 51

第三章　隐喻作为存在之真理的显现：从生存论结构分析入手 / 54

第一节　存在、真理和隐喻的生存论结构分析 / 54

一、存在与真理的生存论之维 / 55

二、隐喻的生存论之维 / 59

三、作为存在经验和真理经验的隐喻 / 63

第二节　隐喻作为存在之真理显现的结构阐释 / 68

一、作为存在理解的对话性隐喻 / 68

二、作为无蔽之真理显现的揭蔽性隐喻 / 70

三、作为真理发生的事件性隐喻 / 74

第四章　隐喻的历史地位变迁：与真理相关联的境遇 / 79

第一节　隐喻事实性的繁荣和被确定性真理限定的地位 / 79

一、隐喻事实性的繁荣和对确定性真理的追求 / 79

二、仅仅具有修辞学和诗学地位的隐喻 / 83

三、作为最高美德的修辞学 / 86

四、经院哲学体系中虚位存在的隐喻 / 88

第二节　隐喻被科学方法论与认识论批判并限定 / 92

一、近代科学方法论与认识论对隐喻的批判 / 92

二、被限定的仅仅具有美学意义的隐喻 / 94

第三节　科学危机带来的对确定性真理观的反思和多视角的隐喻研究 / 98

一、科学危机带来的对确定性真理观的反思 / 98

二、认知视角下思维和语言的隐喻性 / 100

三、分析哲学视角下的隐喻 / 103

四、哲学视角下隐喻中心地位的确立 / 106

第五章　意义世界：隐喻构造的"现实" / 110

第一节　从存在之真理到意义世界 / 110
　　一、世界作为此在的基本结构要素 / 110
　　二、存在之真理指向理解的意义世界 / 114
　　三、意义世界的语言性 / 118

第二节　隐喻构造的意义世界 / 121
　　一、隐喻作为源始的世界经验 / 121
　　二、隐喻显现并构造的意义世界 / 126
　　三、意义世界的现实性 / 130
　　四、作为实践智慧的隐喻 / 135

第三节　意义世界在科学时代的重要性 / 138
　　一、科技时代的技术本质 / 139
　　二、意义世界构建的重要性 / 143

第六章　结论 / 147

参考文献 / 150

后　记 / 159

第一章 绪论

第一节 隐喻与真理问题研究的意义

一、隐喻和真理问题的困惑

隐喻是一种普遍的语言现象。在日常话语中，我们使用隐喻用彼事物形象地表达此事物；在文学作品中，作者用隐喻展现无限的精神世界；在素有严谨逻辑之称的科学语言中，我们亦能发现隐喻的使用；在哲学文本和话语中，隐喻则总是与真理相伴而生。然而隐喻的概念及其特性并不能充分地解释隐喻与真理的密切联系，因此需要对隐喻进行新的研究以便回答下列问题：隐喻具有怎样的本质特征，使其能够在所有领域的文本或话语中发挥重要作用？隐喻和真理到底有什么关系？隐喻能够揭示真理吗？隐喻与世界具有怎样的关系？隐喻的普遍性中是否蕴含着理论意义和实践意义？

纵观历史，无论是在修辞学、诗学还是在哲学方面，从古希腊开始，对隐喻的探讨就从来没有停止过。然而有趣的是，对隐喻的看法似乎也从来都是亦褒亦贬的矛盾态度贯穿始终。柏拉图对隐喻持贬斥的态度，在他眼中诡辩者和诗人一样，由于误用语言（如使用隐喻），所以远离真理。亚里士多德对隐喻持肯定的态度，他认为"隐喻使言辞清晰，令人赏心悦目，或别出一格，这是别的手段办不到的，也是不能从别人那里学来的"[1]。自笛卡尔提出主客二分的二元论观点后，隐喻与真理的关系也成了一再被讨论的问题。17世纪著名的经验主义哲学家洛克在《人类理解论》中认为，修辞学和演说术中的一切技巧的和迂回的文字用法都只能暗示错误的观念和迷惑人的判断，因此是彻

---

[1] ARISTOTLE. On Rhetoric：A Theory of Civil Discourse [M]. 2nd edition. trans：GEORGE A KENNEDY. New York：Oxford University Press，2007：1405a.

头彻尾的欺骗行为。洛克强调,在追求真理和知识方面,隐喻和所有其他修辞手法一样都是语言本身的缺点①。18~19世纪的哲学家卢梭、康德和尼采对隐喻持肯定的态度。卢梭认为人类最初的语言必定是象征性的(也就是隐喻的),而语词本义或者字面义是后来才形成的②。康德认为感性象征能够激发想象力并促使人思考更多的东西。他指出,象征是将想象力加入表象里去,"它使一大群自身找不到表达的感觉和附带表象活跃起来"③。康德对象征的肯定也是他对隐喻的肯定。作为哲学家同时也是语言学家的尼采对隐喻的洞察更加独树一帜,他认为真理不过是一大堆动态的隐喻、转喻和拟人的用法而已④。

20世纪之前对隐喻的研究虽然也不乏具有启发性的洞见,但是始终停留在隐喻的修辞学和诗学的范畴内。超出这一范畴的隐喻都带有"非科学的"色彩。比如,逻辑实证主义坚持认为,科学的概念和理论存在着一个唯一确定的、可靠的基础,这个基础就是经验。任何命题只有表述经验并能够被经验所证实才有意义。科学通过数学计算和经验证实的方法,建立起各种世界秩序的体系。在实证主义看来,隐喻命题是既不能通过逻辑证明也不能通过经验证实的,因此是非科学的。

对隐喻态度的决定性转变发生在20世纪下半叶,尤其是在认知科学领域对隐喻的研究取得突破性进展之后。语言学家莱考夫和哲学家约翰逊指出,"概念是在以隐喻的方式建构,活动也是在以隐喻的方式建构,故此,语言也是在以隐喻的方式建构"⑤。他们认为,人的概念是通过隐喻建构起来的,人的活动是通过隐喻建构起来的,因此,语言也是通过隐喻建构起来的。在此基础上,莱考夫和约翰逊又提出了基于体验的经验主义哲学观⑥,并称其为体验哲学(embodied philosophy, philosophy in the flesh)。体验哲学的核心内容有三:心智的体验性、认知的无意识性和思维的隐喻性。

---

① 约翰·洛克. 人类理解论 [M]. 关文运, 译. 北京: 商务印书馆, 1983: 497.
② 让-雅克·卢梭. 论语言的起源——兼论旋律与音乐的摹仿 [M]. 洪涛, 译. 上海: 上海人民出版社, 2003: 18.
③ 康德. 判断力批判 [M]. 邓晓芒, 译. 北京: 人民出版社, 2002: 160.
④ FREDERICH W NIETZSCHE. On Truth and Falsity in Their Ultramoral Sense [M] //OSCAR LEVY. The Complete Works of Frederich Nietzsche. New York: Gordon Press, 1974: 180.
⑤ 乔治·莱考夫, 马克·约翰逊. 我们赖以生存的隐喻 [M]. 何文忠, 译. 杭州: 浙江大学出版社, 2015: 3.
⑥ 莱考夫和约翰逊在1980年、1987年的著作中将自己的哲学观称为experientialism(经验主义),这是与客观主义相对立的哲学观,但是这一经验主义不同于哲学思潮中的经验主义。两位学者后来将自己的哲学观称为"体验哲学"。

隐喻研究在20世纪下半叶呈现出明显的多学科融合的发展趋势，在众多领域的研究中以认知科学的研究最为兴盛并对其他领域产生了巨大影响。在莱考夫和约翰逊隐喻理论的推动下，认知科学领域对隐喻的研究在不断深化中逐步走向对人脑和神经机制的研究。认知科学以体验为根基探讨人的语言概念构成具有创新性，并试图用科学实验方法建立大脑结构与人类概念和语言之间的关系来解释隐喻。这种方法也许可以得出所谓"科学的"结论，却容易忽略语言与世界、语言与人的生存之间的复杂关系。在诠释学领域，从海德格尔的哲学开始对语言（尤其是诗意的语言）的关注就已经提升到本体论层面。伽达默尔也进一步阐明了语言的重要性，指出"能够理解的存在就是语言"。保罗·利科在《活的隐喻》一书中，从古典修辞学出发，经过符号学和语义学对隐喻进行了分析，最后达到隐喻诠释学。利科的隐喻诠释学结合了分析哲学、语言学领域对隐喻的研究，以语义线索为主，突出强调了隐喻是语义的更新，而不是磨损[①]。利科指出，隐喻陈述的指称并不是语言本身，而是语言之外的世界。海德格尔对真理的重新追问、伽达默尔对真理方法的追问以及利科对隐喻的诠释，为隐喻和真理关系的研究提供了理论基础。因此，诠释学视域下对隐喻和真理问题的研究，不仅可以摆脱意识哲学主客二分这种根深蒂固思想的禁锢，同时也可以避免科学方法论的束缚。

本书将在诠释学理论的烛照下，探讨下列五个问题：①隐喻的概念及其特性是什么？②隐喻能揭示真理吗？③隐喻与真理具有怎样的关系？④隐喻、真理和世界之间有什么关系？⑤在工具理性对社会精神生活不断渗透的当代，对隐喻与真理关系的深入诠释能否给我们带来对人类存在本身实践意义的重新认识？

二、研究的意义

在诠释学视域下，对隐喻和真理问题的研究具有理论和实践双重意义。研究的理论意义有两点：①在诠释学视域下，对隐喻和真理问题进行研究，凸显了隐喻、真理与世界的关系，即隐喻是存在之真理的显现，它同时构造了我们的意义世界。存在之真理作为源始的真理指向意义世界，科学的真理也是存在之真理的衍生物，因此精神科学不应受到科学理性的禁锢。②对隐喻具有展现存在揭蔽真理特性的分析，打破了科学方法论对真理进行探究的唯一合法地位，重新确立了生活世界的重要意义。作为把握存在和世界的本真的方法，隐

---

① 保罗·利科. 活的隐喻[M]. 汪堂家，译. 上海：上海译文出版社，2004：390-392.

喻使人们对意义世界的把握具有更大的开放性，它也成为精神科学中人类通达真理的有效路径。

研究的实践意义有两点：①明确阐明隐喻的本体论地位，让我们对自我的理解有了新的认识。隐喻充分体现了个体在共同性基础上在特定的境域中对存在的理解。作为一种理解，隐喻是人类存在的基本方式。我们总是通过感性去把握陌生事物，并筹划新的理解。②"隐喻是存在之真理的显现并构造意义世界"的观点的确立，让人们清醒地意识到，对真理的把握不仅仅存在于科学层面，而且与我们的生存境况密切相关。在现代科学的技术本质所决定的生活实践中，处于基础地位的是对人的生存意义和价值的理解与认同，而非科学的技术本质所摆置的人的存在。

第二节　国内外相关研究综述

对隐喻的研究在国内外都可谓是历史悠久。中国古代对隐喻的研究主要是在修辞学和诗学方面，但并没有形成持续性的相对独立的研究领域，没有理论性的建构。国外对隐喻研究的历史可以追溯到古希腊，以修辞学和诗学对隐喻的研究作为起点。值得注意的是，西方哲学对隐喻的关注几乎从未停止过。对隐喻的研究在20世纪全面兴起，尤其是在20世纪下半叶，认知科学、心理学、语言学和哲学等学科对隐喻的研究出现了空前高涨的局面。在这样的背景下，对隐喻的研究呈现出各学科之间不断融合的趋势：语言学、认知科学与心理学的融合，哲学与认知科学的融合以及文学与哲学的融合。西方世界对隐喻的研究体现了人类对理解自身的理解在不断发展，这具有重要的理论和实践意义。本章对隐喻研究的综述将国外的相关研究限于近50年，将国内的相关研究限于近20年。

一、国外隐喻相关研究综述

国外隐喻的相关研究将从两个方面展开，一是在认知科学领域，尤其是在认知语言学领域对隐喻的研究；二是在哲学领域，尤其是在科学哲学和诠释学领域对隐喻的研究。认知科学通过对隐喻的分析，确立了隐喻在语言中具有的建构性（语言的构造是隐喻性的），同时也明确指出隐喻在感知、思维及行为方式上具有建构性。

国外近50年来对隐喻研究最兴盛的领域就是认知科学领域。这一领域重要的先驱莱考夫和约翰逊在《我们赖以生存的隐喻》（*Metaphors We Live by*）中，从认知角度对隐喻的本质、产生和结构进行了分析。他们发现，英语的许多表述方式均来自基本的隐喻。他们因此将这些基本隐喻称为隐喻概念，如论辩是战争、思想是食物等。隐喻概念能生成许多日常语言的表达式，而且往往是自成系统的，因此他们将这种自成系统的隐喻称为隐喻概念的系统性。莱考夫和约翰逊指出，我们日常的思维、经验和行事在很大程度上也是隐喻的。换言之，隐喻构成我们的感知、我们的思维以及我们的行为方式。由于概念和行为的构建是隐喻性的，因而语言的构建也是隐喻性的。隐喻是人类认识和表达世界经验的一种普遍方式。下面以空间隐喻为例来说明隐喻如何构建概念。空间隐喻是以空间概念为源始域，从源始域向目标域进行投射从而获得引申和抽象意义的认知过程。英语中由"上（up）/下（down）"这种最基本的空间关系引申出许多复杂而抽象的概念，例如：

GOOD IS UP, BAD IS DOWN.（好为上，坏为下。）
VIRTUE IS UP, DEPRAVITY IS DOWN.（美德为上，堕落为下。）
RATIONAL IS UP, EMOTIONAL IS DOWN.（理性为上，感性为下。）

莱考夫和约翰逊强调，空间隐喻并不是任意的，它们以身体经验和文化体验为基础而形成。① 莱考夫在1987年发表的《女人、火与危险的事物》（*Women, Fire, and Dangerous Things*）一书里指出，"理想化认知模型"（idealized cognitive models）往往使用四种具有建构作用的原则，一是"命题结构"（propositional structure），二是"意象图式结构"（image-schematic structure），三是"隐喻映射"（metaphoric mappings），四是"转喻映射"（metonymic mappings）②。他认为，隐喻映射是从具体域到抽象域的映射，每个隐喻均有一个源始域、一个目标域和一个从源始到目标的映射（source-to-target mapping）。简言之，经验是形成隐喻概念的基础。例如，英语中的"星期二"（Tuesday）只能在与一个理想化模型相关时才能被定义。依据太阳运动的自然周期，一天的理想化模型是以一天的结束到第二天的开始为特征的。一周是一个7天的大周期。在这个理想化模型中，它是一个由七个部分组成的整体，各部分以线性排列的形式组织在一起。

映射理论的提出极大地推动了隐喻理论研究的发展，使人们对隐喻认知工

---

① 乔治·莱考夫，马克·约翰逊. 我们赖以生存的隐喻[M]. 何文忠，译. 杭州：浙江大学出版社，2015：14-17.
② GEORGE LAKEOFF. Women, Fire, and Dangerous Things：What Categories Reveal about the Mind [M]. Chicago：The University of Chicago Press, 1987：68.

作机制的理解有了质的飞跃。但映射理论的不足之处在于，由于映射论中的映射主要是从源始域到目标域，而最终在目标域中形成的结构、特性和知识是源始域原有结构、特征和知识的继承，但目标域本身的结构、特征和知识在映射过程中的作用不明显，因而表现为单向性。为了弥补"映射论"的不足，福柯尼耶（Fauconnier）提出了概念整合理论。该理论中的概念整合，是指心理空间（mental space）的合成，而心理空间是指人们在进行交谈和思考时，为了达到局部理解与行动的目的而构建的概念集。"心理空间是局部结构，伴随着我们思考和交谈的扩展，它使我们的话语和知识结构可以被细密切分。"[1]心理空间实际上是指心理空间域，是人们在言谈中建立起来的临时性的动态概念。隐喻的理解依赖源始和目标两种输入的跨空间映射，这使得隐喻需要意义的整合才能够被理解，因此合成空间在隐喻映射中具有重要地位。而所谓概念合成理论，就是关于对言语交际过程中各心理空间相互映射并产生互动作用的系统性阐述。

认知语言学在隐喻研究方面取得的成果是在反对以生成语法为首的语言学基础上建立起来的，其哲学基础是非客观主义哲学。莱考夫和约翰逊提出的体验哲学既不是客观主义的，也不是主观主义的，而是经验主义的。他们在《体验哲学》（Philosophy in the Flesh－The Embodied Mind and its Challenge to Western Thought）一书中指出："概念是通过身体、大脑及其对世界的体验而形成的，并只能通过它们才能被理解。概念是通过体验特别是通过感知和肌肉运动能力得到的。"[2]在形成范畴和概念的过程中，人类的经验和行为起到了重要的作用。莱考夫和约翰逊的体验哲学主张认识基础有五个原则：世界范畴具有主客观依存性、人类思维具有体验性和互动性、心智结构具有隐喻性、概念结构具有建构性、意义系统具有整合性。这五个原则彻底批判了西方传统哲学主客二分的二元论思想，认为我们的概念和范畴并不是外部现实在我们心智上的镜像反映，而是由我们的身体经验形成的。

尽管体验哲学和"概念隐喻理论"遭到了质疑，但不可否认的是，它们开启的对隐喻的认知语言学、认知心理学和脑神经机制研究得到了迅猛的发展。认知理论的不断发展使语言学、心理学和临床医学在人类的语言研究上不

---

[1] GILLES FAUCONNIER. Mapping in Thought and Language [M]. Cambridge：Cambridge University Press，1997：11.

[2] GEORGE LAKEOFF，MARK JOHNSON. Philosophy in the Flesh — The Embodied Mind and Its Challenge to Western Thought [M]. New York：Basic books，1999：497.

断相互融合，并逐步形成借助实验方法（如事件相关电位[①]方法等）探讨人类对隐喻的脑加工机制的趋势。认知领域对隐喻的纵深研究使我们对隐喻的理解上升到新的高度，它在很大程度上突破了二元论对语言认识的影响，并将许多认知行为因素纳入研究中。但是对科学实验方法的过度依赖会导致将语言形成机制绝对客观化的倾向，因为缺乏对隐喻形成中具体的历史、社会以及文化因素等多个变量的有效分析。这种过度客观化的倾向容易使我们忽略隐喻作为人类的创造性活动所具有的丰富内涵。

国外对隐喻的研究在认知科学上的热闹与隐喻在哲学研究上的冷清形成鲜明的对比。这其中比较重要的一个原因是，认知科学借助认知模型和科学实验方法使认知科学的成果无论在理论上还是在实践中都极具科学性。认知科学对隐喻的研究虽然让我们对隐喻的工作机制有了越来越深入的了解，但同时也让我们意识到这样一个问题，即科学方法对语言研究的全面占领意味着，作为人文科学重要载体的语言是否还为自己留有一块真正属于自己的合法自由的天地。与认知科学对隐喻的研究不断有新的研究成果不同的是，哲学上对隐喻的研究永远是在对历史的思辨和重新诠释中展开的。

保罗·利科在《活的隐喻》一书中进行了卓有成效的对隐喻研究的历史梳理，从古典修辞学出发，经过符号学和语义学，最后到达诠释学。在这部著作中，利科已经表明，隐喻不仅具有修辞学的意义，而且具有认识论和本体论的意义。隐喻只有在陈述中才有意义，而陈述是离不开语境的。利科根据弗雷格的观点，确认在任何陈述中都可以区分意义与指称。"意义与指称之间没有一一对应的关系恰恰是日常语言的特点并且将日常语言与完美的符号系统区分开来。"[②] 意义是陈述表达的内容，指称是陈述表达的相关对象，而指称问题始终都是由意义问题引发的。陈述所表达的内容是内在于陈述的，它所指称的对象则超出了陈述内容。由此推知，"隐喻陈述的指称并不是语言本身，而是语言之外的世界"。汪堂家从利科的隐喻理论中发现，作为修辞学与哲学联姻的隐喻诠释学"具有多重效应"[③]。隐喻不仅体现了一种负责的语言结构，而且暗示了思想和现实的深层结构。隐喻既有修饰功能又有指称现实的功能，它提供了关于现实世界的信息，甚至提供了关于现实世界的知识与真理。利科提

[①] 事件相关电位的英文是 event-related potential，简称为 ERP，意思是人对内部或外部刺激的电生理学反应。

[②] 保罗·利科. 活的隐喻 [M]. 汪堂家，译. 上海：上海译文出版社，2004：298-299.

[③] 汪堂家. 隐喻诠释学：修辞学与哲学的联姻——从利科的隐喻理论谈起 [J]. 哲学研究，2004（9）.

出的隐喻的真理为后续对隐喻诠释学的进一步发展起到了奠定基础的作用。

哲学界对隐喻的关注在20世纪下半叶主要体现在科学哲学领域。由于科学理论不断向宇观和微观层次发展，自然科学所牵涉的对象已经开始超出了人类观察能力的范围，变得越来越抽象。例如：当代物理学的黑洞、电子"轨道"、似星体等以及生物学中的DNA的双螺旋结构等概念，如果不用隐喻的方式就根本无法理解。在这样的情况下，许多科学哲学家看到了隐喻在科学理论的建构中所发挥的不可替代的作用。

玛丽·海西和托马斯·库恩都肯定了隐喻在科学革命中所起到的重要作用。海西在布莱克的隐喻互动理论的启发下，认为理论解释可以被看成隐喻性的重描，隐喻是科学革命和科学解释中具有启发性和创新性的要素。库恩的"科学革命是范式更迭"的思想在20世纪80年代后发生了改变，他认为，隐喻在科学革命中有着根本性的重要地位，科学理论的创新通过隐喻的方式来把握我们与实在之间的关系，而每一次新的把握都是隐喻带来的新的发现和新的洞见。

海西的科学隐喻思想受到了隐喻互动理论的影响，即隐喻不仅具有修饰作用，它同时也具有认知意义。理查兹（Richards）在1936年发表的《修辞哲学》一书中提出的隐喻互动理论认为，隐喻是两个概念的并置，通过彼此的互动产生一个新的意义。他总结说，语言中的隐喻表达，就是"两个概念，一个意义"，是两个共现概念之间的互动形式。隐喻"本质上是思维之间的借用和交际，是语境之间的交易（transaction）"[1]。理查兹的新见解无疑给传统隐喻理论带来了新的生机。作为隐喻"互动论"的集大成者，麦克斯·布莱克（Max Black）继承并发展了理查兹的理论。他认为，隐喻由"主题"（primary subject）与"副题"（secondary subject）两部分构成，前者为隐喻提供了某种"框架"（frame），后者则充当了隐喻的焦点（focus）。"副题"是"含义系统"（system of implications），包括某语言共同体所认可的意义。如："Society is a sea"，这里的sea不应该仅仅被看成一个个别事物，而应该是一个由sea引发的"关系系统"。"主题"与"副题"通过"看成"（seeing as）或当成（conceiving as）的认知行为相互作用，即根据"主题"将"副题"的诸多含义予以"过滤"（filtering）之后，建立起与"主题"有关的新含义系统。可见，"隐喻创造而非标识先有的相似性"[2]。若干年后，布莱克又发表《隐喻再

---

[1] IVOR A RICHARDS. The Philosophy of Rhetoric [M]. Oxford: Oxford University Press, 1965: 93.
[2] MAX BLACK. Models and Metaphors [M]. New York: The Cornell University Press, 1962: 19-41.

论》一文，指出"隐喻陈述有时提供认识世界的新视角从而生成新的知识与理解，因此，某些隐喻总是充当着认知的工具"①。理查兹和布莱克对隐喻理论的发展在隐喻的修辞学研究中具有重大意义，他们拓宽了对隐喻本质理解的视野，并强调隐喻意义产生的方式和过程，把隐喻意义与语境密切地联系起来，这为后来隐喻在认知语言学和哲学方面的发展都起到了极大的启示作用。

海西提出所有语言都是隐喻的，并深入探讨了隐喻性语言对科学解释的重要性。她指出："科学解释的演绎模型需要被修正和补充，因为理论解释可以被看成对有待解释的事物域的隐喻性重描（metaphoric redescription）。"② 海西强调布莱克的隐喻互动理论不仅是一个新的隐喻观，而且也说明了理论科学中的模型用法与文学隐喻用法是具有相似之处的。隐喻不仅仅是具有修饰作用的文学手段，它的认知内涵本质也使它成为哲学讨论的话题。在布莱克的隐喻互动理论基础上，海西提出了三个用来描述科学理论解释的术语：主要系统（primary system）、次要系统（secondary system）③ 和有待解释的事物域（domain of the explanandum）。这三个术语被用于表示描述陈述的所指或假定的所指，而"隐喻""模型""理论""解释项"（explanans）和"有待解释的事物"（explanandum）则是指语言学意义上的实体。用于描述主要系统的隐喻通常将与次要系统相连的词语转移给主要系统。科学理论中的主要系统就是有待解释的事物域，并且是可以用观察语言来描述的。而次要系统，要么通过观察语言来描述，要么通过熟知的理论语言来描述。④

将隐喻互动理论引入科学理论解释后，海西也看到了其中存在的一个主要问题，那就是模型或隐喻的所指是什么。虽然最终的答案会是隐喻所指就是主要系统，但这样的隐喻描述过程却不能不让人质疑隐喻对主要系统的所指是否合理。因为互动理论的隐喻使主要系统中的术语的本义发生了变化，这就意味着，"对主要系统的事实性观察描述的意义不变"这一论点是错误的。为此，海西指出，放弃意义的不变性可以给互动论观点和实在论观点都留下被采纳的

---

① MAX BLACK. More about metaphor [M]//ANDREW ORTONY. Metaphor and Thought, Cambridge: Cambridge University Press, 1993: 39.

② MARY B HESSE. Models and Analogies in Science [M]. Notre Dame: University of Notre Dame Press, 1966: 157.

③ 通过海西使用的英文术语，我们可以看出她受到了布莱克互动理论的启发：一是布莱克的"主题"和"副题"对她的启发，让她可以将其拓展到科学理论建构中的"主要系统"和"次要系统"；二是布莱克互动理论的"系统"概念启发她能够超越语词的束缚，把隐喻的基本结构放置在科学理论建构的复杂系统之中。

④ MARY B HESSE. Models and Analogies in Science [M]. Notre Dame: University of Notre Dame Press, 1966: 158-159.

空间。为了进一步说明这一观点,海西提出了理论解释可以被看成"隐喻性的重描"①,但她也承认并不是所有的解释都是隐喻性的。

海西认为,好的隐喻的演绎结果是它们的所指就是主要系统,因为它们可以被用来修正和替代对原来系统的事实性描述,这样,原有的事实性描述就可以被放弃或被认为是错误的。海西进一步指出:"隐喻的观点并不抛弃演绎法,而是把注意力集中在隐喻与主要系统的互动中,以及在对主要系统的隐喻描述的可接受性的标准上,因此隐喻不像逻辑推演那样有更明显的演绎关系。"②而对严格演绎关系的要求来源于对符合论的依赖,但是在隐喻性观点中,没有绝对的符合关系,这种观点也是主要用来说明解释项语言的意义的。事实上,观察语言是这样一种语言,它像所有自然语言一样不断地通过使用隐喻而扩展,并因此而产生解释项的术语。观察语言用由次要系统转移来的术语对"待解释的事物域"进行重新描述,使原有的观察语言在意义和词汇上得到转移,最终使预测成为可能。海西在肯定隐喻的作用时指出,"合理性就在于对不断扩展的世界的语言适应,而隐喻是完成这一目标的主要方式。"③ 海西的思想明确地指出了科学解释和科学革命的隐喻本性,同时揭示出"科学隐喻对于科学实在论的补充意义"④。

库恩在《科学革命的结构》中曾指出,"科学革命是科学共同体的范式的更替"⑤。然而库恩的思想在 20 世纪 80 年代后发生了变化。库恩不再把科学革命看成范式的更替,而是将其视为"科学语言的变更或语词附着自然方式的变化"⑥。他不再使用"范式"一词,取而代之的是"词汇表"(vocabulary)或"词典"(lexicon)。词汇表可以借助隐喻获得,认识世界和获得词汇是同时的。李醒民详细考察了库恩思想的转变。库恩认为,虽然隐喻具有主观性、含混性和歧义性,但是在以客观性、逻辑性和精确性见长的自然科学中,它依然具有基础性的地位。模型、隐喻或类比的根本变化是科学革命的三个特征,

---

① MARY B HESSE. Models and Analogies in Science [M]. Notre Dame:University of Notre Dame Press, 1966:170.

② MARY B HESSE. Models and Analogies in Science [M]. Notre Dame:University of Notre Dame Press, 1966:174.

③ MARY B HESSE. Models and Analogies in Science [M]. Notre Dame:University of Notre Dame Press, 1966:176-177.

④ 安军,郭贵春. 玛丽·海西的科学隐喻思想 [M]. 自然辩证法通讯,2006 (6).

⑤ 托马斯·库恩. 科学革命的结构 [M]. 金吾伦,胡新和,译. 北京:北京大学出版社,2003:85.

⑥ 李醒民. 科学革命的语言根源 [M]. 自然辩证法通讯,1991 (4).

随着模型、隐喻或类比的变化，我们对世界的理解也将发生变化。类比或模型之间与隐喻的相同之处大于它们之间的差异，因为其实它们都是隐喻性的。①

库恩在对理查德·波义德（Richard Boyd）的《隐喻与理论变化："隐喻"是什么的隐喻？》② 一文的评论中指出，波义德关于自然节点的隐喻的观点，把理论的变化过程说成是"语言适应于世界"的过程。因此，波义德所说的世界仍然是一个实在的世界、一个未知的世界，是一个可通过科学不断逼近的方式推进的世界。库恩认为波义德的观点仍然类似于康德的那个不可知的"物自体"，而他的观点"虽然也是康德主义的，但是没有'物自体'，而是具有心灵的范畴。由于语言和经验因不断适应而变化，这些范畴也随时间而变化"③。实在并不是直接呈现给我们的，我们能够"看到"的其实是我们通过隐喻的方式对我们与实在之间的关系的把握。由此，我们能够看出库恩的思想在后期有了巨大的转变。新的科学理论是我们通过隐喻的方式来把握与实在之间的关系，从而带来新的理论视野，因此，隐喻在科学革命中有着根本性的重要意义。

综上所述，无论是海西的科学隐喻思想还是库恩对隐喻的观点，都将隐喻看成科学革命和科学解释中具有启发性和创新性的要素。隐喻在科学理论建构中的意义并不削弱科学的逻辑性和严密性，相反，对纯粹逻辑和推理的固守，恰恰阻碍了科学的发展。正如库恩所说的，"隐喻在建立科学语言与世界的联系中起重要作用，但是这些联系并不是一次性全部给予的。尤其是理论的变化，实际上是通过相关隐喻和通过附属于自然术语的相似性框架的对应部分的变化来完成的"④。隐喻在科学革命和科学解释中的作用并不像它在文学作品中那样具有较高的显示度，但这并不意味着它的作用可以被忽略不计。随着科学研究领域的拓展，我们原本（用科学思维理解）的世界不能仅仅用逻辑推演方法来理解，而是必然地要诉诸隐喻性的思维来理解。因此，需要给科学隐喻在科学系统中一个合法的地位，从而促进科学工作不断提出并检验新的科学理论。

海西和库恩虽然都意识到隐喻在科学解释和科学革命中的重要作用，但他

---

① 李醒民. 隐喻：科学概念变革的助产士[J]. 自然辩证法通讯，2004（1）.

② RICHARD BOYD. Metaphor and Theory Change：What is "Metaphor" a Metaphor for？[M]// ANDREW ORTONY. Metaphor and Thought. Cambridge：Cambridge University Press，1993：481-532.

③ THOMAS S KUHN. Metaphor in Science[M]//ANDREW ORTONY. Metaphor and Thought. Cambridge：Cambridge University Press，1993：542.

④ THOMAS S KUHN. Metaphor in Science[M]//ANDREW ORTONY. Metaphor and Thought. Cambridge：Cambridge University Press，1993：539.

们对隐喻的分析依然是在科学方法论的基础上展开的。库恩对隐喻的看法已经开始试图摆脱意识哲学把世界客体化的倾向，而注意到真正被把握的是我们与世界的关系。但是，他依然不可能完全摆脱意识哲学要通过各种途径认识世界的基本信条，隐喻不过是提供了一种重要的认识论层面上的方法，仅此而已。因此，海西和库恩的隐喻理论实际上肯定了隐喻的方法论和认识论意义。而本书对隐喻的探讨不以方法论和认识论为起点，而是从本体论的层面对隐喻的本体论意义进行研究，从而为厘清隐喻与真理的关系问题提供更好的解决方法。

二、国内隐喻相关研究综述

国内对隐喻的研究主要有两个路径：一是以中国古典美学、诗学乃至于伦理哲学为基础的传统研究；二是从语言学及认知语言学、文学和哲学方向对西方隐喻研究的介绍和实践应用。这里主要对后者进行评述。国内隐喻研究从20世纪80年代末开始起步，在最近十年得到了飞速的发展。但国内的隐喻研究一般都是对国外隐喻研究成果的介绍和梳理，理论性的研究较少，大多数集中于对国外理论的应用研究上。下面笔者将从语言学、文学和哲学三个领域对国内的隐喻相关研究进行简要的概述。

语言学界的隐喻研究成果在初期阶段（20世纪80年代末至90年代末）主要以对国外隐喻研究书籍的评介为主。20世纪90年代语言学期刊所发表的文章主要以评介国外认知语言学书籍（尤其是隐喻研究）为主，如王勤学对《心中之身：意义、想象和理解的物质基础》的评介[1]、林书武对吉布斯（Gibbs）《思维的隐喻性》的评介[2]等。这些评介文章对国内认知语言学（尤其是隐喻研究）的发展起到了启蒙和积极推进的作用。

在隐喻研究的发展阶段（20世纪90年代末至今），国内的隐喻研究呈现多元发展的局面，除了对国外理论的介绍和研究，还包括对国外理论的实践应用研究，尤其是在将理论应用于汉语隐喻研究方面做了相当多的尝试。在对国外理论的研究中，研究者将重点放在对国外隐喻研究的历史和方法的介绍上，强调隐喻研究已经突破了修辞学的界限，需要用新的眼光来加以全面考察。该类研究的代表性成果是束定芳的《隐喻学研究》。在该书中，束定芳从亚里士多德的修辞学直到莱考夫的认知语言学，对隐喻研究的历史做了较为翔实和准确的介绍和梳理。此外，束定芳还从隐喻的类型，句法及语义特征，隐喻的产

---

[1] 王勤学.《心中之身：意义、想象和理解的物质基础》评介 [J]. 国外语言学，1996（1）.
[2] 林书武. R. W. Gibbs 的《思维的比喻性》评介 [J]. 外语教学与研究，1997（2）.

生、功能、工作机制和理解方面详细地进行了分析。书中最后一章点明了隐喻研究具有普通语言学意义和哲学意义[①]。蓝纯的《认知语言学与隐喻研究》从认知的角度概述了语言学中的语法研究和语义研究，并在此基础上对认知视角下的隐喻研究做了总结。蓝纯以汉语和英语的空间隐喻及诗歌隐喻为例做了详细的阐述[②]。谢之君的《隐喻认知功能探索》在对西方隐喻研究历史进行概述的基础上，着重阐述了隐喻区别于修辞功能的认知功能。该书从认知功能出发，结合认知语言学的主要理论（如概念隐喻、概念整合等），详细论证了隐喻所具有的认知功能，"把隐喻看成认知主体通过一个概念对一个认知对象的非常规描写，而这种描写是建立在相似性基础上的"[③]。

最近十年来，国内的隐喻研究逐渐向纵深发展，研究主要以对国外认知理论不断发展的追随及其在实践中的应用为主，但整体上缺乏自己的特点。这主要体现在两个方向：其一是对国外隐喻认知理论的不断探讨。对认知理论的研究除了对比较成熟的理论的研究（如概念隐喻和整合理论、心理空间等）还包括对基于这些理论的纵深研究，如多模态视角下的隐喻研究[④]和运用模因理论对隐喻生成、发展和传播过程的研究等[⑤]。另外，国内的隐喻研究也在不断地总结已经取得的成果。束定芳主编的《隐喻与转喻研究》，就通过收录近20年的31篇具有代表性的论文来总结国内隐喻研究的现状。论文集从五个方面（综合研究、语篇、跨文化交际、汉语中的隐喻和转喻研究）总结了隐喻研究的几个重要视角[⑥]。其二是隐喻理论的实践应用以及对汉语隐喻的研究。王文斌提出了隐喻主体自洽原则，并考察了隐喻主体自洽中的认知相似性，对施喻者的主体自洽和隐喻相似性的构建、隐喻相似性对词义发展的效应、受喻者的主体自洽与隐喻相似性的解读三方面进行了详细的分析[⑦]。张德禄和郭恩华认为在主体理论的构建上，社会符号学理论在语法层面上为概念隐喻（多模态隐喻）构建再现意义提供了更抽象、更具普遍性的阐释；概念隐喻也可以为社会符号学中的互动意义和构图意义的构建提供系统、有力的认知理论根

[①] 束定芳. 隐喻学研究 [M]. 上海：上海教育出版社，2000：249.
[②] 蓝纯. 认知语言学与隐喻研究 [M]. 北京：外语教学与研究出版社，2005：176、196.
[③] 谢之君. 隐喻认知功能探索 [M]. 上海：复旦大学出版社，2007：59.
[④] 谢竞贤. 多模态视角下的隐喻：兼评 Charles Forceville 的隐喻研究 [J]. 外语学刊，2011 (5).
[⑤] 颜志科. 模因论视角下隐喻的生成、发展与传播 [J]. 外语学刊，2011 (4).
[⑥] 束定芳. 隐喻与转喻研究 [M]. 上海：上海外语教育出版社，2011：3-8.
[⑦] 王文斌. 隐喻的认知构建与解读 [M]. 上海：上海外语教育出版社，2007：280-289.

据[1]。在国内对隐喻的研究中，值得一提的视角是对中国汉语中隐喻的研究。许多研究者试图用国外隐喻理论来解读中国汉语中的隐喻，给传统的隐喻研究带来了新的气象。但是，国内对汉语隐喻的研究基本处于初级阶段，仅限于对汉语某个领域内的隐喻特点及其认知系统研究和英汉隐喻对比研究[2][3]，没有形成比较系统的汉语隐喻研究的体系。

  国内文学界对隐喻的研究并不像语言学界那样由于受到认知理论的影响而形成研究的热潮。文学界对隐喻的研究在很大程度上是对诗歌或文学作品中的隐喻的探讨，尤其集中于对诗歌意象的研究。对诗歌中隐喻的研究力图揭示诗歌的隐喻语言是一种有着诸多复杂内涵的概念构成的图式。如王卓通过分析丽塔·达夫诗歌中的"博物馆"隐喻，详细分析了"博物馆"以特有的文化承载量转化成诗人阐释历史观、种族观和美学观的文化隐喻[4]。李正栓对邓恩诗歌圆形意象的分析认为，圆形意象模仿自然的根源，使其蕴含了生态和谐的理念，其隐喻性具有克服"二元论"的思想内涵[5]。对小说等文学作品中隐喻的研究，大多从文本中具有典型性的隐喻出发，探讨隐喻在语篇中所发挥的作用，进而探讨文本内在意义的彰显。如黄悦借助神话原型分析大江健三郎《水死》中的核心意象"水死"的内涵，创造了一系列具有代表性的隐喻体系[6]。国内文学方向对隐喻的研究也有从认知语言学的视角对文学文本中的隐喻进行意象图式化的研究，同时也逐步涉及哲学领域中的经验、意象、主体与客体等概念，力图在更广泛的视域内探讨文学作品的深刻内涵。如刘耕华的《"游戏"与"对话"：隐喻的诠释学》就通过对"游戏"和"对话"这两个隐喻来解读伽达默尔的诠释学[7]。刘宇红在《隐喻研究的哲学视角》中，对哲学史上的隐喻研究进行了分阶段的介绍和梳理[8]。文学界对隐喻进行跨界研究的学者张沛在《隐喻的生命》一书中以比较的方法汇通中西方的隐喻研究成果，从修辞学、诗学、语言哲学及存在论哲学四个维度进行论证，力求证明隐

---

  [1] 张德禄，郭恩华.多模态话语分析的双重视角——社会符号观与概念隐喻观的连接与互补[J]．外国语，2013（3）．
  [2] 覃修桂，高旗.意向图式及概念隐喻的哲学认识论意义[J]．中国外语，2017（2）．
  [3] 孙毅，曾昕.汉英反复隐喻同异合体的两翼孔见[J]．东北师大学报（哲学社会科学版），2017（4）．
  [4] 王卓.论丽塔·达夫诗歌中"博物馆"的文化隐喻功能[J]．国外文学，2017（1）．
  [5] 李正栓.邓恩诗中圆形意象的生态和谐隐喻[J]．国外文学，2010（2）．
  [6] 黄悦.《水死》中的神话原型与文化隐喻再探[J]．中国比较文学，2017（2）．
  [7] 刘耕华."游戏"与"对话"：隐喻的诠释学[J]．国外文学，2001（1）．
  [8] 刘宇红.隐喻研究的哲学视角[J]．外国语，2005（3）．

喻是不断转换生成的有机存在。该书不仅对西方的隐喻研究历史有比较详细的论述，同时也对中国自先秦以来直至清末的历史在隐喻的研究方面做了详细的梳理。其独特之处不仅体现在对中西隐喻的研究的详尽梳理，同时也体现在对哲学视角下的隐喻研究的关注。在肯定西方哲学对隐喻的研究的同时，张沛也结合中国哲学的老庄思想对隐喻进行了探讨。他通过超越真假、综合同异、以一总多、若隐若现、中介与本体、此岸与彼岸、空间与时间、人的拯救与超拔八个方面，指出隐喻具有辩证的转换生成本质，这种转换生成构成隐喻的存在形式，也是人类的基本在世形态①。

国内哲学界对隐喻的研究，从研究的阶段上看，与语言学界有很大的相似性。20世纪80年代末到90年代末是研究的初始阶段，20世纪90年代末至今是研究的发展阶段。由于初始阶段成果较少，本书仅就最近十年的发展做概述。最近十年来，国内哲学界对隐喻的研究以对国外哲学家的隐喻观进行解读和对国外隐喻研究成果的理论探讨为主，主要集中在两个方面：一是对科学隐喻的研究，二是从分析哲学角度出发对隐喻及其逻辑的研究。

最近十年来，国内在科学隐喻研究方面的投入尤为突出，并使其成为科学哲学研究领域诸多课题中逐渐凸显的一个重要课题。许多研究者已经意识到科学家所从事的科学研究工作本质地蕴含着一种科学隐喻概念认知的内在机制，也就是说，科学家用来解释其观察对象的科学隐喻是概念认知的建构。国内在科学隐喻研究中大量吸取了认知科学的研究成果，对认知科学中的概念整合、心理隐喻等问题进行了细致的分析。如安军和郭贵春的《科学隐喻的认知结构与运作机制》就从概念隐喻和根隐喻入手分析了科学隐喻的认知结构②。科学隐喻研究的成果主要体现在两个方面，一是在国外隐喻相关理论的基础上对科学隐喻的进一步探讨，二是对科学技术领域中的隐喻进行具体分析。国内对科学隐喻研究最为深入的当属郭贵春。在他的隐喻研究中，他把科学修辞、科学解释和科学隐喻放在语境论的科学认识观的视域下进行分析。他认为语境扩张的过程实际上是已有语境的膨胀过程。当科学共同体在科学语境扩张过程中遇到了与理论信念相矛盾的实验事实时，科学信念就会发生变化，直到一个全新的语境形成为止。"由于新语境比旧语境揭示出了更深层次的世界结构或机理，所以，它在理论信念、方法和技术层次的扩张与渗透上会比旧语境更强、更彻底。"③哲学界在科学隐喻方面的研究，对隐喻思维在科学各领域中的应

---

① 张沛. 隐喻的生命 [M]. 北京：北京大学出版社，2004：196.
② 安军，郭贵春. 科学隐喻的认知结构与运作机制 [J]. 科学技术与辩证法，2008 (5).
③ 郭贵春. 隐喻、修辞与科学解释 [M]. 北京：科学出版社，2007：294.

用也有相当多的涉猎。如对基因理论、量子场论和量子力学中的隐喻思维的探讨①②，这些研究反映出隐喻思维在科学思想的建构中所起到的重要作用。在对科学隐喻的研究中，学者们一致认为隐喻的意义不仅是作为修辞手段，而且同时具有方法论的意义③。

与科学隐喻同步发展的还有分析哲学对隐喻的研究，但研究成果相对较少。分析哲学对隐喻的研究基本上是在维特根斯坦和戴维森的理论框架内对隐喻进行的结构分析。如胡浩就通过分析维特根斯坦的"把……看成……"来探讨隐喻创造相似性的工作机制以及这一运作机制如何可能运作。在对隐喻不应当被看成一个严格的命题的论证过程中，胡浩引用了布莱克的隐喻互动论和海西的隐喻观来加以说明。他认为在某一理论阶段上的真命题，严格地说都是非命题性的，因而是隐喻④。

国内哲学界的隐喻研究在最近十年呈现出不断融合的趋势，认知科学和分析哲学的理论被不断融合来对隐喻进行解读。赵博的概念隐喻理论及其哲学意义⑤、刘星和李桓威对隐喻簇的认知研究⑥、高超对唯物主义历史观的认识隐喻学解读⑦和覃万历的货币隐喻学研究⑧。在这一强劲趋势中，从诠释学视角出发的研究略显薄弱。《活的隐喻》的译者汪堂家撰文，从利科的隐喻理论谈起，在简要回顾历史的基础上指出：哲学关注隐喻的必然性以及利科提出的"隐喻的真理"使隐喻的地位被提高到本体论层面。国内在诠释学视角下对隐喻的探讨大多停留在对利科的隐喻观的解读上，没有形成自己的观点。

综上所述，最近十年的隐喻研究在哲学界、语言学界和文学界等领域内部呈现出多元化态势，并在学科间形成融合的趋势。不仅在语言学层面的研究融合了认知科学的诸多成果，使语言学对隐喻的理解可以建构在认知和心理层面上，文学对隐喻的研究也不断吸纳认知和哲学对隐喻的解读。多种形式的融合趋势要求我们能够对隐喻研究的多学科状态进行批判性整合。为此，本书将从生存论的视域出发，重新对隐喻的概念及其特性进行分析，试图通过现象学的

---

① 郭贵春，杨维恒. 基因理论发展过程中的隐喻思维 [J]. 科学技术哲学研究，2011 (5).
② 郭贵春，杨烨阳. 科学表征中的隐喻建模：基于语境实在论 [J]. 哲学研究，2016 (2).
③ 吴琳. 自然科学中的隐喻及其效力 [J]. 科学技术与辩证法，2007 (1).
④ 胡浩. 隐喻的真 [J]. 自然辩证法研究，2009 (7).
⑤ 赵博. 概念隐喻理论及其哲学意义 [J]. 哲学动态，2016 (3).
⑥ 刘星，李桓威. 当代隐喻簇的认知研究 [J]. 科学技术哲学研究，2017 (1).
⑦ 高超. "唯物主义历史观"何以是"唯物主义"的历史观：一种认知隐喻学的解释方案 [J]. 现代哲学，2017 (5).
⑧ 覃万历. 货币的隐喻学：马克思《资本论》中的"货币之谜"[J]. 现代哲学，2017 (6).

方法探讨隐喻的本体论地位，并在此基础上，探讨隐喻与真理的关系，论证隐喻的本体论地位。隐喻不仅展现存在揭蔽真理，同时也构造了我们的意义世界。

第三节　研究的思路、方法及创新点

一、研究的思路与方法

本书的总体研究思路是：从诠释学视域出发，在海德格尔"此在"诠释学、伽达默尔哲学诠释学和利科隐喻诠释学理论基础上，详细分析隐喻和真理的概念及其特性。并在此基础上探讨隐喻与真理的关系，即隐喻是存在之真理的显现。在厘清隐喻与真理的关系后，本书对隐喻的历史地位变迁做了定性梳理，即隐喻从繁荣到萧条再到焦点并不是经历了简单的循环式发展，而是真正走到了中心地位。从生存论视域出发，对隐喻及其与真理关系的论证，意在阐明存在之真理指向意义世界，而隐喻构造的意义世界是此在对世界的理解，是我们的世界经验，它构成我们的"现实"。这一研究最终指向这样的结论：对我们的世界经验进行研究的精神科学具有真理性的合法地位。

根据研究内容，本书具体使用的研究方法有：

第一，历史批判法。历史上对隐喻的研究颇多，需要对文献进行细读和详尽分析。对文献的分析在全书中占有大量篇幅，因此需要进行批判性的梳理和解读。隐喻研究具有历史性，而每个阶段的研究亦有其理论根据和现实意义。隐喻研究必须建立在对前人研究的基础上，并且以批判的眼光去审视前人的见解，在批判的基础上有效地进行继承和发展。

第二，概念分析法。对隐喻的研究涉及修辞学、诗学、宗教、哲学领域，而每个领域中都有属于自己体系的专门概念。在隐喻研究中，对各领域中在特定历史时期相关概念的正确分析是使论证立基稳固的前提。概念分析法也是诠释学研究中非常重要的方法，尤其是对词源的解读更是诠释学研究不可或缺的方法。

第三，历史与逻辑相统一的方法。隐喻研究的历史性与西方哲学的发展具有内在的相关性，把握好两者之间的内在规律有助于我们加深对隐喻的理解。隐喻从未在西方哲学中消失，然而它的地位却随着西方哲学的发展而发生着改变。这也反映出人类对世界的认识由对外部世界的兴趣逐渐转入对自身的理解进行理解的逻辑规律。因此，坚持历史与逻辑相统一的方法可以使我们对隐喻的理解更加深入。

二、研究的主要创新点

研究的创新点之一：隐喻的发展历经繁荣、萧条、焦点三个阶段，而在这三个阶段中，隐喻的历史地位的变迁始终与真理观紧密相连。隐喻研究作为一种历史现象，表明人类认识世界、把握世界这一过程是自我认识、自我确证的过程。从生存论真理观的角度出发，隐喻具有对人类自身进行理解的中心地位。在西方哲学史上，隐喻虽经历萧条时期却从未真正退场，但因受到确定性真理观和科学方法论与认识论的限定而始终处于工具性的地位。从古希腊到中世纪，即使在隐喻的繁荣时代，对确定性真理的追求也使隐喻的地位只能被限定在修辞学和诗学领域。在近代科学中，占据支配地位的科学方法论和认识论让隐喻急剧退场。直到20世纪，科学危机带来了对生存的反思，才让隐喻成为焦点问题而凸显出来。从诠释学视域出发对隐喻的重新诠释，使我们能够更好地解释隐喻与真理的关系，确立隐喻的本体论地位。隐喻作为我们的世界经验具有基础性的地位。

研究的创新点之二：在诠释学视域下，隐喻具有展现存在揭蔽真理的本体论意义。隐喻不是名称的转移，而是此在在生存境域中对存在的理解，隐喻是存在在"此"中的显现。它也是此在与世界打交道中的世界经验。隐喻的开放性是此在向世界的敞开，并在现实的基础上让存在的可能性呈现。在海德格尔的此在诠释学视域下，存在是必须从此在这个特殊的存在者出发才能被领会的，而传统的存在则始终围绕着存在者的存在展开。隐喻不仅仅是修辞手段，它是作为视域融合的理解，即理解的达成是由两个不同的视域在此在的境域中的融合所形成的新的理解。隐喻展现的是揭示着的存在，是此在筹划的对存在本身的理解和解释，在这一过程中，无蔽之真理得以显现。隐喻的揭蔽是作为事件发生的，它试图通过熟知的世界来展现陌生的世界，从而措置人的存在的多种可能性。

研究的创新点之三：存在之真理指向意义世界，而意义世界的语言性源始地意味着隐喻显现并构造了意义世界。隐喻构造的意义世界具有现实性。意义世界奠基于生活世界，向我们展现的是最切近的生存意义上的世界。对意义世界的强调旨在恢复精神科学所具有的合法地位，即真理性地位。隐喻构造的意义世界让我们真正回归前科学的生活世界。意义世界作为此在对世界的理解，只能在语言中显现，并在人的理解中达成。隐喻凝聚人类的世界经验，并在经验的不断积累中产生新的把握或理解，因此，隐喻构造的意义世界是我们的世界经验、我们的"现实"。在科学方法论和认识论支配的当代,对意义世界重要性的强调,意味着精神科学被科学理性所遮蔽的真理性地位必须得到恢复,因为这是关乎人的生存价值和生存意义的重大抉择。

第二章　诠释学视域下隐喻与真理的概念及其特性分析

隐喻与真理是西方哲学史中两个由来已久的话题，对这两个概念的理解因视角不同而迥然各异。在这一章中，我们将对研究的诠释学基础做简要的概述，并在此基础上对隐喻与真理的概念和特性进行深入分析，进而为进一步深入探讨二者之间的关系做准备。

诠释学作为一门理论来研究，由19世纪德国哲学家F. D. E. 施莱尔马赫和狄尔泰在前人研究的基础上开创。正如伽达默尔所言："只有到了施莱尔马赫，才使诠释学作为一种普遍的理解和解释的理论而摆脱了一切独断论的和偶然性的因素。"① 施莱尔马赫真正使诠释学由局部诠释学转变成了普遍诠释学，由具体的诠释规则转变成了诠释方法论。狄尔泰对诠释学的最大贡献是对历史理性的批判。狄尔泰认为历史科学之所以可能存在的基础在于人自身就是历史的存在，探究历史的人就是创造历史的人。正是主体与客体的这种同质性，才使得历史认识成为可能。"精神世界的关联是出现在主体里的，正是精神直到规定这个世界的意义关联的运动才将许多个别的逻辑过程彼此结合在一起。所以，一方面，这种精神的世界是进行把握的主体的创造；但另一方面，精神运动指向达到对这个世界的客观知识。"② 狄尔泰"通过对历史认识何以可能的问题为一般精神科学找寻了认识论基础，因为精神科学与历史科学一样，其认识的对象与认识的主体也是同一的"③。如果说以施莱尔马赫和狄尔泰为代表人物的诠释学理论是以方法论为主要取向的，那么以海德格尔和伽达默尔为代表人物的诠释学理论就是以存在论为主要取向的。本书对隐喻与真理问题的研

---

① 汉斯-格奥尔格·伽达默尔. 诠释学Ⅱ：真理与方法 [M]. 洪汉鼎，译. 北京：商务印书馆，2010：97.
② 汉斯-格奥尔格·伽达默尔. 诠释学Ⅰ：真理与方法 [M]. 洪汉鼎，译. 北京：商务印书馆，2010：223.
③ 洪汉鼎. 诠释学——它的历史和当代发展 [M]. 北京：人民出版社，2005：100.

究就是建基于海德格尔和伽达默尔的诠释学,并结合了保罗·利科的隐喻诠释学思想。

海德格尔在解构西方哲学关于存在理论的同时指出,存在问题要充分澄清的是存在的意义问题而不是要拥有一种静止的范畴体系。海德格尔的诠释学也常常被称为存在论。他提出的"此在"(Dasein)概念否定了传统哲学的主客二分的立场,并强调存在的意义是人的"此在"的在"此",就是在世。在海德格尔看来,要真正厘清存在的意义问题,就不能使用传统方法论来探讨,因为传统的方法论关注的是存在者,并且把存在者当成存在本身。海德格尔为了能够从根本上思考存在的意义,在研究的方法上使用了现象学的方法,即植根于对事情的阐释中。海德格尔这样表明其现象学方法的立场:"一个方法概念越真切地起作用,越广泛地规定一门科学的基本风格,它就越源始地扎根在对事情本身的分析中,它就离我们称之为技术操作的东西越远。"[①] 这也就是说,我们要摆脱掉那些已经程式化为我们的一部分的科学方法意识,不是通过人为的努力把存在当成对象来把握,而是让它们如其所是地呈现出来。

海德格尔的诠释学也被称为此在诠释学。在海德格尔看来,存在者的存在实际上只是在此在中被摆置,也就是说,"只有当存在理解在存在者状态上的可能性存在,才有存在"[②]。只有当存在理解在,存在者作为存在者才是可以通达的,而只有存在者是具有此在的存在方式的存在者时,存在之理解作为存在者才是可能的。海德格尔的此在诠释学不仅把此在本已存在的基本结构显示出来,而且也把一般存在的本真意义展示出来,这种诠释学就是最根本的解释行为,它使事物自身从隐蔽状态中显现出来。至此,诠释学就标志着阐释工作。这种阐释工作不是文本解释的诠释,而是指事物自身对自身的诠释。海德格尔的诠释学是另外一种意义上的诠释学,它是对此在的存在之阐释,是对具体存在的生存性分析。对此在的生存性分析,就是对此在的解析、阐释或解释。"此在存在于世界之中。我们也可以这样说,此在处于世界之中,或在世界之中发现自己,按世界理解自己。"[③] 在海德格尔后期的著述中,他的研究转向了对"存在本身"、对古希腊和现代的存在与真理之概念与语言之探索。

伽达默尔发展了海德格尔的诠释学思想。他认为:"海德格尔对人类此在的时间性分析已经令人信服地表明,理解不属于主体的行为方式,而是此在本

---

① 张汝伦.《存在与时间》释义:第一卷[M].上海:上海人民出版社,2012:98.
② 马丁·海德格尔.存在与时间[M].陈嘉映,王庆节,译.北京:生活·读书·新知三联书店,2011:163.
③ 洪汉鼎.诠释学——它的历史和当代发展[M].北京:人民出版社,2005:199.

身的存在方式。本书中的'诠释学'概念正是在这个意义上使用的。它标志着此在的根本运动性,这种运动性构成此在的有限性和历史性,因而也包括此在的全部经验。"[1] 伽达默尔从艺术经验出发,将真理问题扩大到精神科学的理解问题。伽达默尔详细讨论了科学方法论对精神科学的支配地位。他指出:"如果我们是以对于规律性不断深化的认识为标准去衡量精神科学,那么我们就不能正确地把握精神科学的本质。社会历史的世界的经验是不能以自然科学的归纳程序而提升为科学的。"[2] 伽达默尔认为,历史认识的理想是在现象的一次性和历史性的具体关系中去理解现象本身,而不是要在普遍性经验上达到规律性的认识。理解的实现方式是事物本身可以言表,也就是说,语言是理解得以完成的形式。

伽达默尔反对把文本只看成某个个人生活的单纯表现的观点。文本不仅可以是某个心理状态、某个个体生活和某个历史情况的表达,文本同时也包含更多的东西。语言不只是生活的表达,而且是真理的启示。在文字性表达和口头性表达中,在语言中,某种东西被主张,而理解所说的话意味着我们理解某种带有真理要求的主张。伽达默尔指出理解首先指相互理解,了解首先是相互一致。所以,"人们大多是直接地相互理解的,也就是说,他们相互了解直到取得相互一致为止。了解也总是对某物的了解。相互理解就是对某物的相互理解。语言已经表明:谈论的东西和涉及的东西并不只是一个本身任意的相互理解不必依赖于它的谈论对象,而是相互理解本身的途径和目的"[3]。伽达默尔认为要理解一个文本,并不是要将自己置身于他人的思想中去领会他人的体验,而是对事情取得相互一致。凡是在我们致力于理解的地方,应当被理解的东西并不是作为某种生命环节的思想,而是作为真理的思想。理解和解释的任务不是重构或复制原来的思想,而是阐明和揭示具有真理性的思想。任何传承物在每一个新的时代都面临新的问题和具有新的意义,因此我们必须重新理解,重新加以解释。在伽达默尔看来,"语言就是理解本身得以进行的普遍媒介。理解的进行方式就是解释。这种说法并非意指不存在特别的表述问题……一切理解都是解释,而一切解释都是通过语言的媒介进行的。这种语言媒介既

---

[1] 汉斯-格奥尔格·伽达默尔. 诠释学Ⅱ: 真理与方法 [M]. 洪汉鼎, 译. 北京: 商务印书馆, 2010: 554.

[2] 汉斯-格奥尔格·伽达默尔. 诠释学Ⅰ: 真理与方法 [M]. 洪汉鼎, 译. 北京: 商务印书馆, 2010: 13.

[3] 汉斯-格奥尔格·伽达默尔. 诠释学Ⅰ: 真理与方法 [M]. 洪汉鼎, 译. 北京: 商务印书馆, 2010: 260.

要把对象表述出来，同时又是解释者自己的语言。"① 伽达默尔哲学诠释学中对语言作为诠释学本体论视域的论述，为全面考察语言在理解与解释中的中心地位奠定了理论基础。

如果说伽达默尔对语言的论述是对海德格尔诠释学的进一步发展，那么保罗·利科的诠释学就是在对海德格尔的诠释学进行反思的基础上形成的。正如利科自己宣称的那样，他的道路是"长程的"而海德格尔的道路是"短程的"。海德格尔一开始就"把理解恢复为一种存在的模式，而非一种认识的模式"②，利科的"长程的"诠释学是通过遵循语义学和反思的相继要求进行的，最终达到存在论层面。利科对隐喻的论述也是在这样一种迂回的道路中展开的。本研究对隐喻和真理的概念分析建基于海德格尔的此在诠释学和伽达默尔的哲学诠释学，在论证中也详细地分析了利科隐喻诠释学的重要观点，从而构成诠释学视域下对隐喻与真理问题研究的框架。

第一节 隐喻的概念及其特性分析

一般认为，在隐喻的概念问题上，从亚里士多德的定义到今天并无太大的争议。人们似乎也普遍认同简化的隐喻概念，即 A 是 B。然而，在隐喻的这一概念下隐藏着认识论对语言的诸多观点，如语言结构主义、语言符号论、语言工具论等。这些观点在一定程度上遮蔽了隐喻与人的存在之间的内在关联，因而也遮蔽了隐喻所具有的生存之维。在这一节中，我们将在诠释学视域下，对隐喻的概念进行详尽分析，通过摆脱认识论对语言的束缚，揭示隐喻所具有的与人的生存相关的本质内涵，从而进一步明确隐喻具有话语性和开放性特征。

一、隐喻的概念分析

从古希腊时期到近现代，在语言问题上，人们对语词的关注是不争的事实。语言问题实际上成了语词问题，语词的优先性掩盖了语言的话语性。所谓话语性就是语词的意义只有在使用中才有意义，而语词的优先性强调语词的原义。尽管在古希腊的哲学中注重对话，"辩证法"一词就源于希腊语 dialektos（谈话），但是对语言或是修辞学的研究都离不开分类分析的方法，这无疑给

---

① 汉斯-格奥尔格·伽达默尔. 诠释学Ⅰ：真理与方法 [M]. 洪汉鼎，译. 北京：商务印书馆，2010：547.
② 保罗·利科. 解释的冲突 [M]. 莫伟民，译. 北京：商务印书馆，2008：4.

语词的优先地位做了理论预设。然而，对隐喻的认识首先必须摆脱语词优先性的认识论预设，恢复隐喻的话语性特征。隐喻的话语性把对隐喻的理解指向与人的生存密切相关的领域，从而还原其产生和理解的过程。下面我们将批判性地详细分析亚里士多德的隐喻定义，并从中提出新的隐喻概念。

从词源学来看，隐喻（metaphora）一词的构成本身就是隐喻的。Phora 在希腊语中是一种变化，即"位移"，Meta 有"在……之后""变换位置"或"超过"之意。因此，隐喻的本义就是"位置的变换或转移"。亚里士多德的定义也是按照隐喻的词源意义来界定的："隐喻通过把属于别的事物的词给予另一个事物而构成，或从'属'到'种'，或从'种'到'属'，或从'种'到'种'，或通过类比。"① 亚里士多德还举例说明了他的定义：从"属"到"种"举例为"我们的船停于此处"，因为"泊"是"停"的一种；从"种"到"属"举例为"俄底修斯曾做万件勇敢的事"，"万"是"多"的一种，这里用于指"多"；从"种"到"种"举例为"用钢刀吸出（draw）血来"和"用坚硬的铜火罐割取（sever）血液"，这里诗人借"吸"作"割"，借"割"作"吸"，两者都是"取"的方式；通过类比的隐喻，就是说当 B 和 A 的关系有如 D 和 C 的关系时，可以用 D 来代替 B，或是用 B 来代替 D。亚里士多德的这一具有鲜明认识论特色的定义的核心是：隐喻是一种意义转换的形式，它涉及至少两个词或事物，其中一个在构成隐喻的过程中，意义发生了变化。

两千多年后，许多学者对亚里士多德的定义依然有着浓厚的兴趣，并不断地进行解读。布鲁克罗斯（Brooke-Rose）认为这一定义的第三个隐喻类别（从"种"到"种"）可以被看成包含了所有的隐喻，因为所有的隐喻都涉及从一个种类到另一个种类的事物的心理转移，或从一个领域到另一个领域思想的心理转移②。另外，斯坦福（Stanford）认为亚里士多德给隐喻的分类太过严格和抽象，而用于说明的例子也显得很随意且没有系统性，他的分析也不是很完整并带有偏见③。

莱文（Levin）则指出，亚里士多德的定义是和举例相一致的并具有统一性。亚里士多德虽然使用诗句来作为例子，但是展现诗的力量和优美并不是他的主要目的，他的主要目的是解释隐喻是如何使人意识到在构成宇宙的事物和概念之间存在着关系。莱文认为，亚里士多德的隐喻理论是在强调隐喻的教

---

① ARISTOTLE. On Rhetoric: A Theory of Civil Discourse [M]. 2nd edition. trans. GEORGE A KENNEDY. New York: Oxford University Press, 2007: 1457b.
② CHRISTINE BROOKE-ROSE. A Grammar of Metaphors [M]. London: Mercury Books, 1965: 4.
③ WILLIAM B STANFORD. Greek Metaphor [M]. Oxford: Basil Blackwell, 1972: 5.

育意义，以及隐喻在知识的传授和获得中所起到的作用①。亚里士多德说："轻松的学习对所有人来说都是愉快的，语词表示事物，因此给我们创造知识的语词都是令我们愉快的。现在我们无法理解语词的虚饰，但是我们知道语词的通常意思，正是在这里隐喻带来了知识。当荷马称'古代'为'残株'，他通过'属'给我们创造了理解和知识，'古代'和'残株'都失去了它们的光彩（花）。"② 亚里士多德的第四类隐喻（通过类比）具有统摄所有类别的意义。在个体、"种"和"属"之间的关系可以是具有先验性的，但这种先验性并不意味着我们已经提前知晓，而是需要被发现，需要被意识到。隐喻在这种情况下就帮助我们完成了这种认识。莱文认为，亚里士多德对隐喻的理解比其表面看起来要深刻得多，即隐喻不仅仅是一种修辞手段，同时给我们创造知识。

莱文的详细分析突出强调了亚里士多德所言的"隐喻创造知识"的论点，这让我们看到，亚里士多德意识到了隐喻在知识的获取中所发挥的作用。但是亚里士多德的这一认识显然不足以作为提升隐喻地位的佐证。在《诗学》中他说道："说话或写作的用词风格在于明晰而不流于平淡。普通字造成的风格是明晰的，但平淡无奇。使用陌生的词，风格会显得高雅而不平凡，如借用词、隐喻、衍体词以及其他一切不普通的词。"③ 这无疑是将隐喻划分在非普通词的范围里，它所起到的作用是修饰性的。

利科认为亚里士多德给隐喻下的定义为西方后世的隐喻研究奠定了以单词或名称作为基本单位的语义学基础。这一基础也可以被理解为语词的优先性，而且在这一基础上也自然容易得出"隐喻仅仅是作为修饰"这样一个结论。利科认为在"语词优先性"的前提下蕴含着一系列的假设：①如果把语词的意义称为本义，隐喻与其他比喻乃是引申义，这便是本义与引申义的假设；②如果我们用非专有名词而不用相应的专有名词来称呼某些事物，我们诉诸引申义是为了填补语义空白，这便是语义空白假设；③如果语词空白是通过借用外来词来填补的，这便是借用假设；④如果借用词被用于相关事物，而且借用词的引申义与本义之间出现偏差，这便是偏差假设；⑤如果存在专有名词，却

---

① SAMUEL R LEVIN. Aristotle's Theory of Metaphor ［M］//Philosophy & Rhetoric. 1982, 15 (24)：45.

② ARISTOTLE. On Rhetoric：A Theory of Civil Discourse ［M］. 2nd edition. trans. GEORGE A KENNEDY. New York：Oxford University Press, 2007：1410b.

③ ARISTOTLE. On Rhetoric：A Theory of Civil Discourse ［M］. 2nd edition. trans. GEORGE A KENNEDY. New York：Oxford University Press, 2007：1458a.

用另外一个语词来替代,或替代对应于词汇的真正空白时,这便是替代假设;⑥如果在借用词的转义和那个被替代但未出现的词语的本义之间存在转换推论的关系,这种推论构成了对语词的替代的范例,这便是关于比喻的范例假设;⑦说明一种比喻就是在比喻推论的指导下或在替代的范例的指导下寻找未出现的语词,也就是恢复以并非固有的语词来代替原有的语词——这种陈述活动是彻底的,因为替代与恢复的总和是零,这便是彻底的陈述假设;⑧语词的转义用法并不包含任何新的信息,也不提供任何知识,这便是零信息假设;⑨当比喻不提供任何知识时,它就只有单纯的修饰功能了①。利科对这九个假设的详细分析清晰地指明了亚里士多德的隐喻定义所蕴含的隐喻的特性。这一系列的前提以隐喻作为命名行为为起点,一直延伸到给它赋予简单的修饰功能,并把修辞学作为取悦人的艺术。隐喻的一切使用形式,都是在孤立的语词之间进行的,这也导致了隐喻不能提供信息或知识。利科认为要摆脱修辞学隐喻研究的困境,就必须将对隐喻的考察由语词层次提升到句子或话语的层次。隐喻仅仅在陈述中才是有意义的,而陈述的基本单位是句子,这也决定了隐喻是一种谓词现象。

无论是亚里士多德的隐喻定义还是我们惯常认同的"A 是 B"的隐喻基本形式,都反映了这样一个事实:隐喻的话语性被遮蔽了。"A 是 B"的形式虽然肯定了隐喻是谓词现象,但是由于我们在判断隐喻时并不考虑其表达的具体语境,因此这个形式导致的依然是对语词固有意义的依赖,引申义不过是暂时的意义转移而已。

利科认为,语言学对语言的研究往往使语言成了它的分析的简单剩余物。句子通过语词来实现,但语词并不单纯是它的部分,因此语词和句子的关系不是简单的整体与部分的关系。利科明确指出,由于人们对语词具有本意的迷信,因此认为隐喻是语词的偏离现象,但实际上语词并无本义,因为它们并没有固有的意思。意义的恒常性不过是语境的恒常性而已。语境重新确立了句子比语词具有更加优先的地位。语词的既有稳定性并不可靠,语词的字面用法在于恢复在陈述整体内解释的可能作用②。利科意识到,把握相似性并不是精通隐喻的基础,隐喻实际上"构成了语言的构成形式"。"隐喻的普遍存在源于'意义的语境定理',如果语词是各个方面的组合的替代物,隐喻的原理就来自语词的这种构造。"③ 由此可见,隐喻不是语词的简单转移,而是语境之间

---

① 保罗·利科. 活的隐喻 [M]. 汪堂家,译. 上海:上海译文出版社,2004:61-62.
② 保罗·利科. 活的隐喻 [M]. 汪堂家,译. 上海:上海译文出版社,2004:106.
③ 保罗·利科. 活的隐喻 [M]. 汪堂家,译. 上海:上海译文出版社,2004:108-109.

的和解。利科不满足于把隐喻看成语境之间的和解，将隐喻放置在句子层面意味着隐喻作为话语的最小单位呈现，而"所有话语是作为一种事件而出现的，但它们被理解为意义"①。话语的事件性使其与语言形成对比。隐喻作为最小的话语单位，可以被看成话语事件，而不是语词转移。利科对隐喻的诠释已经揭示了隐喻对于语言的构成性意义，并将隐喻与人的活动联系在一起。

  隐喻研究的不断深入不仅要求新的视域对其进行解读，同时也要求对隐喻与真理的关系问题进行正面讨论。而这样一种研究需要摆脱科学方法论和认识论的束缚，更要摆脱意识哲学二元论根深蒂固的影响。海德格尔对西方意识哲学的结构和生存论思想的提出以及后期对语言的关注，都启发我们对语言做进一步的研究。伽达默尔在《真理与方法》中虽然没有详细探讨隐喻问题，但是他对理解的语言性的本体论分析为隐喻问题的探讨打开了新的视野。伽达默尔意识到："在古代的辩证法里存在的不是主体的方法上的主动性，而是思维所'遭受'的事物本身的行动。"② 事物本身的行动在话语中支配着说话者的思辨运动，意义进入语言表达指明了一种普遍的本体论结构，即"能被理解的存在就是语言"③。在这里，伽达默尔强调某物的语言表达不是获得另外一种意义上的存在，它表现自身所是的东西就属于其自身的存在。语言的思辨存在方式具有普遍的本体论意义，这也为研究隐喻开辟了道路。

  以海德格尔此在诠释学理论为基础对隐喻进行新的界定，可以揭示隐喻与人的本真存在所具有的关系。隐喻不是名称转移，而是此在在生存境域中对存在的理解。此在特有的存在方式是理解存在，它以存在理解与存在相关。隐喻是存在在"此"中的显现，是此在对存在的理解。它是此在与世界打交道中的世界经验，而这种世界经验也构造了人的意义世界。

  本书对隐喻的重新界定使用了海德格尔的术语"此在"，意图在诠释学视域下重新诠释隐喻。作为海德格尔哲学中的核心概念，此在具有十分复杂的内涵。Dasein 在德语中是由 da（此时此地）和 sein（存在、是）组合而成的。虽然一般意义上，我们可以把 Dasein 理解为"人的存在"，但 Dasein 的含义绝不仅仅是"人的存在"这样简单。由于"此（da）"决定了此在是具有时间性的，作为人的存在它是正在生成的、不会停歇的在。此在的本质也不是事先

---

 ① 保罗·利科. 活的隐喻 [M]. 汪堂家，译. 上海：上海译文出版社，2004：94.
 ② 汉斯-格奥尔格·伽达默尔. 诠释学Ⅰ：真理与方法 [M]. 洪汉鼎，译. 北京：商务印书馆，2010：13.
 ③ 汉斯-格奥尔格·伽达默尔. 诠释学Ⅰ：真理与方法 [M]. 洪汉鼎，译. 北京：商务印书馆，2010：667.

规定好的，而是要在存在中去获得的。海德格尔通过"此在"概念的定义，意在打破传统哲学思想对"存在即是存在者的存在"的误解。在世界之中的此在，通过理解存在展示自己的存在可能性。借用"此在"来对隐喻进行界定的目的是要恢复使用隐喻和理解隐喻与在世界中的人的存在的紧密关系，从而还原隐喻与存在紧密相连的构造特征。然而需要进一步说明的是，对海德格尔"此在"的运用并不意味着简单地把此在的构造特征运用于隐喻中，而在于批判性地运用。中国香港学者刘国英撰文指出，海德格尔在《存在与时间》中已经遭遇到了肉身问题，但是没能从身体出发，其原因在于作为描述者本人的哲学家没有把"自身"置于在世的处境中①。

梅洛—庞蒂在接受海德格尔的"在世存在"的同时又回到胡塞尔的"现象学还原"，进而建立了一种身体性在世的思想。梅洛—庞蒂的身体性概念是"一个整体性的概念，它对立于任何身体/心灵、身体/物体、身体/世界、内在/外在、自为/自在、经验/先验等二元论的概念，而是把所有这些对立的二元全部综合起来了"②。而这种综合主要体现在两种最基本的人的活动：行为（behavior）和知觉（perception）。在海德格尔的"此在在世界之中"的基础上，梅洛—庞蒂的"身体在世"的观点进一步强调了具有奠基作用的物质性的身体。他早期强调的身体经验作为语言问题的实质，在后期将语言提升为本体论地位，强调了语言与"世界之肉"的关联③。梅洛—庞蒂的思想在一定程度上发展了海德格尔的"此在"概念，并将"此在"切实地与人的经验联系起来。

在诠释学视域下给隐喻重新下定义，目的在于摆脱意识哲学二元论观点对语言本质的认识。在二元论的影响下，语言工具论被大多数人接受。亚里士多德的隐喻概念就是将隐喻看成手段，虽然这种手段展现了高雅的风格，但它依然只是一种手段。语言工具论观点突出的是语言的交际功能、思维功能和认知功能，遮蔽的是语言形成过程中与人的生存之间的密切联系。按照语言工具论的思想，隐喻不过是工具中的一种手段，是我们借以表达并传递我们观念的手段。然而，隐喻的表达对于人类来说并不是一种我们可以选择或不选择的表达

---

① 刘国英.肉身、空间性与基础存在论：海德格尔《存在与时间》中肉身主体的地位问题及其引起的困难［M］//倪梁康.中国现象学与哲学评论：第四辑.上海：上海译文出版社，2001：71-73.

② 张尧均.隐喻的身体：梅洛—庞蒂身体现象学研究［M］.北京：中国美术学院出版社，2006：13-14.

③ 杨大春.语言·身体·他者［M］.北京：生活·读书·新知三联书店，2007：52.

方式，而是此在生存的基本方式，即存在者的存在在隐喻中呈现并被人理解。隐喻具有语言的构造特征，它是语言的始源性特征。对隐喻的这一观点一定会招致怀疑，必定有人认为我们完全可以不用隐喻来表达。但是，当我们回顾西方哲学史时却不难发现人类一直以来都在以隐喻的方式回答"是什么"的问题。肇始于苏格拉底的"是什么"的提问方式，为西方哲学史确定了基本的方向，也就是对事物之普遍的类本质的认识的追求。只有这样的认识才是具有确定性和必然性的知识。而"是什么"这样一种提问方式正是隐喻表达和隐喻理解的原动力。"是什么"的问题必然有其回答的历史性，而人类却不断地隐喻地回答这个提问。

隐喻不是名称转移，它是述谓结构并试图回答"是什么"的问题。"是什么"不仅是一个哲学问题，它同时也是一个人类生存的实践问题。"是什么"是一个人类在每一个当下的境域中都会深切关注的问题，而这一问题下蕴含的是对存在的关切。海德格尔对西方传统形而上学的改造，就是要让绝对超越的"存在"能够从存在者入手去问，并在"多（存在者）"中展现。存在者只能是我们人本身，因为只有人才有这样的觉悟。

综上所述，本研究对隐喻的界定是在诠释学的视域下，将隐喻与人的生存联系起来，而不是把隐喻看成命题并加以逻辑分析。因为使用科学的严格逻辑并不能解决人类理解的语言问题。对隐喻的界定就是要还原隐喻产生和理解的具体情境，把隐喻看成理解活动，进而揭示隐喻的本质特征。

二、隐喻的范畴分析

对隐喻概念的分析离不开对隐喻的修辞学分类分析。由于对隐喻的认识始终处于修辞学分类的框架中，从而使得隐喻的范畴被限定于语词层面或句子层面。在修辞学分类中，虽然隐喻与明喻（simile）、转喻（metonymy）、象征等修辞现象（手法）有不同的概念界定，但是它们之间的关系却远比概念界定要复杂得多。关于隐喻和明喻的关系问题一直都是争论不休的。通常情况下，隐喻被看成比喻（comparison）的一种，且隐喻中本体与喻体的关系比明喻更近一层。按照这种看法，隐喻和明喻具有基本相同的地位，并同属于比喻的修辞手法。然而西方哲学两千多年来关注的是隐喻，而不是明喻。虽然通常我们会把隐喻简单地理解为"A 是 B"，但隐喻的"是"何以能够使隐喻受到更多的关注呢？例如：太阳像一个金色的大火球。这是一个典型的明喻。但如果我们把这个句子变成"太阳是一个金色的大火球"，是否意味着这个句子作为隐喻就发生了改变？从意义表达的角度来看，隐喻和明喻没有太大的不同。但布莱克认为,明喻缺乏隐喻所能带来的效果,也不产生任何互动的意义。明喻要明确说出本体和喻体,而隐喻有时是可以省略本体的。亚里士多德在《修辞学》中指出,明喻也是一种隐喻,二者的区别在于明喻须加以说明,且明喻不如隐喻那么直截了当地"把这个说成是那个"①,因此对于受话人来说不容易理解"这个"。古罗马的修辞学家昆提良在亚里士多德的隐喻观点上,提出了"替代论",即隐喻是用一个词替代另一个词的现象。

与隐喻和明喻的复杂关系相比,隐喻与转喻的关系相对比较清楚。"转喻"一词源于希腊文,意为"易名"(a change of name)。转喻指用一种事物的字面名称指代因在日常中与其经常发生联系而关系密切的另一事物。例如:"白宫昨天说……",这里的白宫指的是美国总统。通常认为,转喻与隐喻在表面上很相似,但是它们的功能却完全不同(尤指在语义上)。在转喻中,用一个词指代一个非常明确的事物,而在隐喻中这种指代的性质却发生了变化。从辞格的定义上看,一般认为隐喻不容易与转喻混淆,因为隐喻表示相似关系,而转喻表示邻近关系。但是认知语言学的研究表明,实际上和隐喻一样,转喻也是具有建构我们系统化思维的理想化认知模型②。赖登(Radden)认为,经典定义下的转喻和隐喻可以被视为"转喻—隐喻连续体"上位于两端的类典型范畴,转喻和隐喻之间的区别并不是离散的,而是标量的,也就是说两个实体间概念关系的性质可能随观察的角度不同而更接近某一端。③

隐喻与象征之间虽然表面区分明显,却具有一种本质的共同性。通常认为,象征区别于隐喻的特征是象征包含非语言性的东西,而隐喻是纯粹的修辞格。从最广泛的意义上说,象征是指任何能够指代某事物的事物。一些象征是"约定俗成的",如"十字架"是基督教的象征。因此,用于象征的事物的深远意义受到特定文化的制约。诗人在使用约定俗成的象征的同时,也使用"私人的"或"个人的"象征。他们利用事物、事件或行动与特定概念之间人们共有的联想来创造象征,如朝阳与诞生、落日与死亡、老鹰与英勇等。④ 有时象征的意指是不确定的,它具有丰富的暗含意义。因此,在艺术的审美中,象征所带来的无限的联想是创造美的重要方式。一般认为,隐喻不同于象征之

---

① ARISTOTLE. On Rhetoric: A Theory of Civil Discourse [M]. 2nd edition. trans. GEORGE A KENNEDY. New York: Oxford University Press, 2007: 1406b-1410b.

② 关于四种理想化认知模型,详见第一章第二节。

③ RADDEN GÜNTER. How Metonymic are Metaphors [M]//ANTONIO BARCELONA. Metaphor and Metonymy at the Crossroads: A Cognitive Perspective. Berlin: Mouton de Gruyter, 2000: 108.

④ M. H. 艾布拉姆斯. 文学术语词典 [M]. 吴松江,主译. 北京:北京大学出版社,2009: 623.

处在于，隐喻试图通过词语的意义转移来发现或创造相似性，而象征是通过一个事物来指代另一个事物，两个事物之间不需要有任何的相似性但需要有相关性。但也正是在相似性与相关性问题上，隐喻和象征隐含着一种共同的东西。在隐喻试图创造新的相似性（原本并无相似性的情况下）和象征试图建立新的相关性（原本并无现成的约定俗成的象征的情况下）的时候，如果抛开修辞的限制，隐喻和象征都试图超越"像"或相关而达到"是"，这便是它们的内部运动中所蕴含的一种趋同性质，即尝试通过某种途径达到意指的目的。

西方哲学对隐喻的研究兴趣远远超过其他修辞手法，其原因在于隐喻与哲学有着不解之缘。修辞学在西方与哲学具有同根同源的关系，古代的哲学家尤其偏爱以隐喻的方式谈论哲学，这使得隐喻成为哲学的修辞学研究的中心问题。隐喻在与哲学相伴而生的同时也给哲学带来了许多难题：隐喻与真理究竟具有怎样的关系？隐喻是获得真理的途径，抑或是可选择的途径？还是具有某种基础性的地位？隐喻与真理的关系是回答这一系列问题的关键。

西方哲学对隐喻的研究不仅受到修辞学框架的限制，同时也受到科学方法论和认识论的限制。因此，对隐喻的解读并没有真正厘清它与真理的关系。在这种情况下，新的视域往往会带来更合理的理解。另外隐喻受到更多的关注也由于隐喻与象征甚至与寓意[①]有着密切的联系和难以辨析的相似之处。从修辞学的角度看，寓意和隐喻与象征并不在同一个范畴中，因为寓意处于语篇层面，而不是语词或句子层面，然而它们却具有本质上的共同点。解释者被一个或多个隐喻导向寓意的解读或象征的解读的情况是很多的。在开始解释的过程中，隐喻的解读、象征的解读和寓意的解读之间的界限往往很难确定，而三者的共同性就在于对理解的筹划。柏拉图在《理想国》中的洞喻就是一个典型的例子。从严格意义上看，洞喻更像是寓意，但在这一寓意中却有无数的隐喻和象征。从某种意义上讲，寓意可以被说成是扩大了的隐喻，而隐喻不过是缩微的寓意而已。隐喻与寓意在形式上的区别并不掩盖它们本质上的共同性，即通过人格化或经验化的方式指称抽象的事物。

综上所述，本书对隐喻的探讨要从根本上放弃隐喻仅仅局限于语词或句子层面的观点，并尝试将隐喻的有效性扩大到语篇或文本层面。隐喻作为语言的构成形式，在语言的形成中具有不可替代的作用。

[①] 在西方，寓意（allegorie）是指抽象概念的人格化，而寓言（fabel）专指以动植物影射人事。汉语中有时将"寓意"也译成"寓言"。本书中寓意和寓言仍然按西方的定义，以示区分。

三、隐喻的话语性

本章的议题之一是要在诠释学视域下探讨隐喻的概念及其特性，但我们首先必须意识到，我们之所以要在诠释学视域下来探讨这一问题，是因为我们深受 20 世纪的语言学思想的影响。而要想真正摆脱语言学对语言理解的束缚，我们需要通过新的视域来揭蔽被遮蔽的东西。这一节将在分析索绪尔（Saussure）语言结构主义的基础上指出，语言学在力图将自己变成科学的同时，也遮蔽了语言所具有的开放性结构的基础，那便是话语性。

语言学家索绪尔在开创语言研究新方法的同时，也区分了语言（language）和言语（parole），即将语言的话语性从语言符号系统中分离出来。虽然索绪尔本人并没有使用"结构"一词，但"系统"一词已经充分反映了"结构"的概念。因此，索绪尔被称为语言结构主义的创始人。他认为语言是相互差异的社会性符号系统，而言语是个人对该语言系统的运用。与此同时，他还区分了语言的共时性和历时性，并强调共时性的重要[①]。索绪尔对语言和言语的区分实际上切断了语言与外界事物的关系，从而将语言放置在一个符号系统内部，语言的意义依赖于一个符号与其他符号的关系。对语言和言语的区分产生了这样一个结果，即把整体语言建构成了一门科学的特殊对象。

索绪尔以结构分析的方式展开对语言的研究，凸显的是语言的符号本质，遮蔽的是语言的话语性。他认为，在语言系统中的符号由能指（signifiant）和所指（signifie）两部分组成。比如说，人们会把"老虎"看成语言之外属于猫科的大型动物的符号，但"老虎"之所以能够指称动物，是因为在该词声音形式的背后还有"老虎"的概念。索绪尔把声音的心理印记称为"能指"并把概念称为"所指"，而两者的结合才构成符号。符号的集合实际上就是一个封闭的系统，系统中的符号是相互依存的关系。索绪尔通过区分语言与言语、能指与所指、共时性与历时性，突出了语言是由符号构成的系统，而在这样一个系统中就可以对语言进行科学的分析。这样，语言学就成了一门科学，语言也成了确定的研究对象，语词就成了这个符号系统中的基本单位。

利科认为，在索绪尔的语言和言语二分理论中，由于隐喻归类于意义的改变，因此隐喻是言语，也就是语言在具体实现中才得以表现出来。当更新的隐喻成了惯用的隐喻，它就在某种程度上增加了多义性，而最新的多义性等于语

[①] 费尔迪南·德·索绪尔. 普通语言学教程 [M]. 刘丽, 译. 北京：中国社会科学出版社，2009：141.

言。如此循环，隐喻不过是形成了语词多义性的事实。但是由于多义性是共时性的，即在符号系统中同时表示几种事物，而意义的变化（对多义性的不断补充）却是历时性的，这便造成对隐喻解释的矛盾对立。在利科看来，"多义性意味着以新的意义补充原有词义而又不使原有词义丧失的那种可能性。语词的开放结构、它的灵活性、它的流动性已经暗示着意义变化现象的出现"①。

因此我们说，索绪尔的系列二分法虽然让语言变成了一门科学的对象，但是他忽略了产生多义性的言语事件，也将言谈行为排除在外，而排除言谈行为意味着将外部的实施、个人的能力、自由的组合和新陈述的生产排除掉②。利科在《活的隐喻》中强调"话语"（discourse）一词的重要意义。话语的最小单元是句子，尽管句子是通过语词来实现，但并不意味着语词单纯地是句子的部分。语词和句子的关系不是简单的整体与部分的关系。正如邦弗尼斯特所言，语词本身作为意义是句子的成分，也就是"意群的要素"或"经验陈述的成分"③。这也就是说，话语的意义并不单纯地取决于构成陈述的语词，而是整体地构成意义。

语言结构主义强化了隐喻中语词的地位，而实际上隐喻中的述谓结构决定了隐喻是句子而不仅仅是语词意义的变化。句子是话语的最小单位，因此对隐喻的分析必须要摆脱隐喻仅仅是名称转移的束缚。在隐喻的特性中，最为重要的是它的话语性。在《解释的冲突》中，利科这样描述话语的特征："话语把一种行动当成其存在的模式，这样的话语要求就具有了事件的性质。言谈是现实的事件，一个瞬息即逝的行动。"④ 正是在话语的要求中语言才有一种指称，才能讨论被索绪尔抛弃的符号和事物之间的这种外在关系。

隐喻的话语性特征决定了对隐喻的理解不能在结构的框架中进行，因为隐喻的理解依赖语境，而结构的框架是封闭的系统。长期以来，人类试图用分类分析或结构的框架来认识语言，其结果是完全忽略了语言与人的生存的密切联系，而把隐喻看成静态的语言。隐喻突出体现了人投身于世界中并与之打交道，它是我们在世界中的生存经验。维柯在《新科学》中就详细地分析了隐喻在早期人类的语言表达中的重要地位。他指出，当早期人类并无理性可以用来推理时，感觉是发达的；当人的感觉发达的时候，想象就是生动的；生动的想象带来的意象能够在感觉中留下最深刻的印记。当初民们想表达关于那些他

---

① 保罗·利科. 活的隐喻 [M]. 汪堂家，译. 上海：上海译文出版社，2004：168.
② 保罗·利科. 解释的冲突 [M]. 莫伟民，译. 北京：商务印书馆，2008：101.
③ 保罗·利科. 活的隐喻 [M]. 汪堂家，译. 上海：上海译文出版社，2004：91.
④ 保罗·利科. 解释的冲突 [M]. 莫伟民，译. 北京：商务印书馆，2008：104.

们并不熟悉的事物的观点时,他们很自然地就会通过与熟悉事物的相似之处来设想那些不熟悉的事物。当初民们所知甚少时,他们就通过以己度物的方式来做判断。维柯指出最初的比譬（tropes）都来自诗性逻辑,而最常用的比譬就是隐喻。"在一切语种里大部分涉及无生命的事物的表达方式都是用人体及其各部分以及人的感觉和情欲的隐喻来形成的",比如,用"头"来表达顶或开始,用"心"代表中央等。比喻造成的后果是显然的:"人在无知中就把他自己当成权衡世间一切事物的标准……把自己变成整个世界了。"①

也许有人会这样质疑,早期人类之所以经常借助隐喻来表达世界经验,是因为原始语言不够完善。而对于我们来说,由于语言的不断完善,隐喻的使用已经不是必需的了。但是事实并非如此,语言对于我们而言,不因时代的变迁而变得更加完善,因此隐喻对于我们而言依然具有基础的地位。普通语言词汇的有限性以及人类掌握词汇能力的有限性都意味着隐喻对于人类谈论世界的必要性。虽然普通语言能够基本满足日常生活的表达需要,但是面对无限多样的现实世界时,隐喻却是能够让我们对语言进行无限使用的基本方式。

语言结构主义和修辞学对隐喻话语性的遮蔽使隐喻变成符号系统内部的语词或是具有修饰功能的手段,而要想真正恢复隐喻的话语性,就必须回到语境中去理解隐喻。理查兹在《修辞学的哲学》一书中认为,语词并无本义,话语的优先性是由语境的优先性决定的。他说:"语境是许多一起出现的事件组成的网络的名称,它包括既定的条件,也包括我们可以将其作为原因或结果而分离出来的东西。"② 因此,语词并不代表某个事物和观念,没有什么东西可以妨碍语词表示多种事物,意义所谓的不变性不过是语境的恒常性。对于理查兹来说,话语事件比语词具有优先性。隐喻的话语性体现的是人以言行事的基本生存方式,孤立的语词对于生存并不具有真正的意义。当罗密欧用"你是我的太阳"向朱丽叶表达爱慕之情时,从字面上看,朱丽叶和太阳没有任何相似之处。但在罗密欧与朱丽叶这对年轻恋人对话的语境下,我们可以强烈地感受到罗密欧对朱丽叶的爱,将所爱的人称为自己的太阳正说明朱丽叶已经成了罗密欧生活的中心,是其生命中不可或缺的部分。在理解"你是我的太阳"时,我们并不以"太阳"的日常词义来理解它,而是通过一个语言共同体的说话者根据它说话的事实来理解,这里我们对太阳的前理解发挥了作用,从而可以让我们体会朱丽叶对于罗密欧的重要性。

---

① 维柯. 新科学 [M]. 朱光潜, 译. 北京: 人民文学出版社, 2008: 174-175.
② IVOR A RICHARDS. The Philosophy of Rhetoric [M]. Oxford: Oxford University Press, 1965: 34.

20 世纪对隐喻的研究已经承认了隐喻的话语性特征,这一特征也绝不是诠释学视域下对隐喻的独特见解。但对隐喻这一特性的肯定却是隐喻具有生存论意义的基础。隐喻的话语性特征将语言与人紧密地联系在一起,这便恢复了语言的人的属性和人的语言性。没有了语言,人不能被称为"人",而语言离开了人便也毫无意义。诠释学视域下隐喻的话语性同时意味着,隐喻的说出与理解必须与人的生存实践相联系,从而才能被理解,才能有意义,这也同时意味着它作为话语事件而发生。

四、隐喻的开放性

何谓隐喻的开放性?这是此节容易引发的一个根本问题。语言结构主义把语言看成一个封闭的语言系统的观点并不仅仅是一种理论,而是深刻地渗入了我们当今社会对语言的常态认识中。我们的语言实践也大都遵循从语词到句子、从句子到篇章这样的模式,而这一模式也直接导致我们认为语词是语言的基本单位并且具有固定的意义。然而词汇的有限性似乎并没有制约我们的表达,我们仍然能够用已有的词汇谈论抽象的事物。语言的这一基本特征是由隐喻来实现的,也就是说,语言从根本上说是隐喻性的。什么是隐喻的开放性呢?隐喻所表达的相似性并不与先行存在的事实性符合,它具有虚构性。隐喻的语义更新是在"是"与"不是"之间的张力中得以展现的:隐喻的"是"既表示"不是"又表示"像",在忽明忽暗的"是"与"不是"和"像"之间给理解带来了巨大的想象空间,并超越与事实的符合而达到意指某物的目的。隐喻的"是"通过"像"向意指的事物敞开,从而使事物得以显现。这便是隐喻的开放性,即通过虚构建立与意指的事物的联系,从而将意指的事物呈现在听话人"眼前"。

隐喻的开放性是此在的展示性,它让语言向世界敞开,并在敞开中完成理解活动。在探讨隐喻的开放性的同时,我们实际上就否定了语言的封闭性。我们通常会把语言理解为用来表达思维的语言工具,即语言与世界的关系是语言用来表达世界。然而当我们说隐喻具有开放性的时候,我们是说语言与世界共在,我们对世界的拥有必须通过语言。维柯从人类思维发生学的角度研究了隐喻对于人类的重要性:凡是最初的人民就如同人类的儿童,还没有能力去形成事物的"可理解的类概念",就自然有必要去创造诗性人物性格,也就是"想象的类概念"[1],其办法就是制造出某些范例或理想的画像。维柯认为最初的

---

[1] 维柯. 新科学 [M]. 朱光潜,译. 北京:人民文学出版社,2008:102、220.

诗人就是用隐喻，"让一些物体成为具有生命实质的真事真物，并用以己度物的方式，使它们也有感觉和情欲，这样就用它们来造成一些寓言故事。所以每一个这样形成的隐喻就是一个具体而微的寓言故事"①。

隐喻的开放性首先表现在它使抽象的事物得以显现。维柯对早期人类语言隐喻性特征的描述说明了隐喻与诗歌不可分割的联系。诗歌通过隐喻或隐喻性的意象来证明自身的存在。"意象"一词源自拉丁语的"imago"，原义为"图像"或"肖像"。英国的评论家休尔姆（T. E. Hulme）认为诗歌追求的是"精当的意象"，在他看来，是"意象"而非"格律"构成诗和散文的区别。诗歌通过"意象"的创造来使美显现②。德国浪漫主义诗学特别强调通过隐喻重建原始语言的"图像性"。对此，法国诗人 Alexandre Vinet 指出，诗必须把"纯粹概念"物质化和个体化之后才能生存，隐喻"并非藻饰而是实体显现"③。"图像化"和"实体显现"作为隐喻的诗歌功能并不是隐喻功能的全部。新浪漫主义文论家约翰·M. 莫里认为，真正的隐喻差不多是一种"解悟模式"④，而与美饰毫无关系。叔本华认为诗歌通过隐喻从普遍中提取具体的、个别的事物，因此它"超然地观照理念"而"远离修辞"⑤。美国学者卡勒（Culler）认为"意象"是一个转喻转换生成隐喻的过程：丢开"随意性的"联系而将注意力集中在"本质"上，这时就可以在"隐喻"范畴下讨论"意象"问题了⑥。隐喻的图像性绝不是一种简单的、如其通常所具有的吸引眼球的作用。它不是简单的模仿，而是与我们的理解相关，而我们的理解永远与我们的生存经验和实践相关。人类语言的这一本质特征，并不因为理性的完善而遭到抛弃。然而随着理性科学地位的不断确立，隐喻却被认为是"不科学的"和"无法证明的"主观臆断。

隐喻开放性特征的深层次结构是模仿带来的虚构。让我们回到亚里士多德那里去重新审视诗歌中的模仿具有怎样的特征以及它与隐喻有何关系。亚里士

---

① 维柯. 新科学 [M]. 朱光潜，译. 北京：人民文学出版社，2008：174-175.

② RENÉ WELLEK. A History of Modern Criticism：Vol. 5 [M]. New Haven & London：Yale University Press, 1986：151.

③ RENÉ WELLEK. A History of Modern Criticism：Vol. 3 [M]. Cambridge：Cambridge University Press, 1983：23.

④ RENÉ WELLEK. A History of Modern Criticism：Vol. 3 [M]. Cambridge：Cambridge University Press, 1983：24.

⑤ RENÉ WELLEK. A History of Modern Criticism：Vol. 2 [M]. Cambridge：Cambridge University Press, 1981：211-312.

⑥ JONANSON CULLER. The Pursuit of Signs [M]. New York：Cornell University Press, 1981：298-299.

多德把诗歌看成模仿的艺术。他认为诗的起源有两个：一是人的模仿本能，二是从模仿的作品中得到的快感。人对于自己模仿的作品总是有快感，即便事物本身看上去会引起痛感，但惟妙惟肖的图像看上去却能引起我们的快感。亚里士多德在解释其原因时说："由于求知不仅对哲学家是最快乐的事，对一般人亦然，只是一般人求知的能力比较薄弱罢了。我们看见那些图像所以感到快感，就因为我们一面在看，一面在求知，断定每事物是某一事物。"① 模仿不仅仅带来快乐，同时带来新的知识。

亚里士多德这里所说的人对模仿的作品（画）的感受也是诗歌带给我们的感受，诗歌的固有性质就是模仿（mimesis），亚里士多德将悲剧诗定义为模仿。构成悲剧诗的六个要素是：情节（the fable or plot）、性格、措辞（diction）、思想（thought）、场景与歌唱。情节是指对事件的安排，言词是指韵文的组合。悲剧是对行动的模仿，而不是对人的品质的模仿。所有人类的幸福与痛苦都在行动中呈现。② 在悲剧中行动是通过情节来表现的。亚里士多德这里所说的悲剧的情节，不仅仅是我们通常理解的情节（plot）。亚里士多德对情节概念的理解并不是简单的故事线索，而是强调情节是所有事件的组合或在故事中所有做过的事。情节同时蕴含寓言（fable）的虚构性，它是对行为的模仿，因此其本身就是模仿。利科在分析亚里士多德的模仿的内涵时指出，"模仿是一个过程，是构建悲剧的六个部分中的每个部分的过程，是构建从情节到场景的每个部分的过程"③。利科认为模仿具有逻辑结构，而正是虚构的东西的"结构"构成了模仿。悲剧中"模仿的特有张力是双重的：一方面，模仿既是对人的描绘，也是具有原创性的创作；另一方面，它包含恢复与升华"④。正是模仿的这两个特点为隐喻提供了重要的基础，使隐喻不再是任意的或无关紧要的。隐喻既发现相似性也创造相似性，因为隐喻的模仿中蕴含着对新的东西的创造，而这种创造依赖新事物与原有事物之间"似是而非"的张力。

因此，隐喻的开放性具有辩证的结构，它既从属于现实又进行虚构，既有恢复又有升华。这种双重张力构成了诗歌中的隐喻的指称功能。利科认为在悲剧的模仿所特有的意义升华和隐喻所特有的意义转移之间存在着密切配合的关

---

① 亚里士多德. 诗学［M］. 罗念生，译. 上海：上海人民出版社，1995：24.
② ARISTOTLE. On Rhetoric：A Theory of Civil Discourse［M］. 2nd edition. trans. GEORGE A KENNEDY. New York：Oxford University Press，2007：1450a.
③ 保罗·利科. 活的隐喻［M］. 汪堂家，译. 上海：上海译文出版社，2004：51.
④ 保罗·利科. 活的隐喻［M］. 汪堂家，译. 上海：上海译文出版社，2004：53.

系。悲剧的模仿发生在被理解为整体的诗歌中，而隐喻发生在语词层次。隐喻作为语词层面意义的转移，不仅仅是对日常语言的偏离，而且是通过偏离来提升意义的工具，而意义的提升造成了模仿。上升到情节的模仿显示了一种"在世"（海德格尔用语），这使利科在亚里士多德的模仿中看到想象物的真实性。"陈述因模仿而生根，隐喻的偏离属于表达现存事物的伟业。模仿不仅意味着所有话语都属于世界。它不仅保留了诗歌话语的指称功能，作为'自然的模仿'，它也把这种指称功能与将实在表现为现实的过程联系起来。"① 在利科看来，"将人描述成'行动着的人'，将所有事物描述成'活动着的'事物很可能是隐喻话语的本体论功能。在此，存在的所有静态的可能性显现为绽放的东西，行为的所有潜在可能性表现为现实的东西。"② 利科之所以把隐喻称为"活的隐喻"就是要指出，"活的"是在道出"活的"存在的东西，而不是仅仅作为修饰的想象。

  让我们通过巴门尼德残篇的诗句来体味隐喻的开放性如何向世界敞开，并在模仿的虚构中升华，从而使"真理之路"显现。下文取自《论自然》残篇序诗：

    那些负载着我的马随着冲动恣意驰骋， (1)
    将我送上人们常谈论的女神之路，
    这道路把有识之人带向各处，不受损伤。 (3)
    于是受到引领的马儿载着我，
    奋力拉车前进，少女们在引路。 (5)
    车轴在轮毂中磨得滚热，发出箫管般的尖锐啸声，
    （因为车轴两端各有一个滚圆的车轮，带着它飞速旋转。）
    此时即使少女们，太阳的女儿们，
    也要加速前进来护送我的马车，离开夜的居所进入光明，
    她们用手把面纱从头上向后拂去。 (10)
    那里有黑夜和白昼之路的大门，
    大门周围环绕着石头门楣和门槛，
    而那天门的入口本身又带着巨大的门扇，
    主司报应的正义女神，掌管着惩罚的钥匙。
    少女们用温和的言辞，机智地 (15)

---

① 保罗·利科. 活的隐喻 [M]. 汪堂家, 译. 上海: 上海译文出版社, 2004: 58.
② 保罗·利科. 活的隐喻 [M]. 汪堂家, 译. 上海: 上海译文出版社, 2004: 58.

说服她将那拴着的门闩迅速挪开;
于是巨门大大敞开,
露出了一道宽阔的入口,
黄铜色的门轴在轴座中依次旋转,
它们原本用铆钉固定。此时,少女们笔直地穿过大门入口,　　(20)
驾着这马车和马匹,走上宽阔的大道。
女神和善地接待我,手握我的右手,
对我说了下面的话:
"欢迎你,年轻人,你在不朽御者的陪同下
被马儿带到了我们的住所。　　(25)
并不是厄运送你走上　　(26)
这一条路(尽管它确实远离人们常走的路径),　　(27)
而是正义和公平。你应该学习了解所有这些,　　(28)
既包括有说服力的真理不可动摇的核心,
也包括世间凡人所相信的,尽管其中没有真实的信念。　　(30)
不过你也要了解这些事情,似乎真实存在的事物
是如何彻底遍布所有事物。"[1]

巴门尼德在《论自然》残篇中要讨论的是真理问题,而如何言说"真理"对巴门尼德来说却是个难题。在序诗部分,巴门尼德没有提及真理问题,而是为对真理的陈述做了至关重要的语境铺垫。在这一部分里,"乘坐马车"这一意象包含着诸多预示。马车把诗人从大门"笔直地"带到路上(第20行),这是女神推荐的真理之路,是"伴随着真理"的道路。这条路就像是诗人的旅行一样,它不是一条人们熟悉的路(远离人们常走的路径,第27行)。不过,诗人得到了女神的保证:不是厄运,而是"正义和公平"带他来到了女神的居所(第26行、第28行)。女神告诉他应该从她那里了解所有的事情。诗人作为"有识之人"(第3行),与一无所知的凡人形成对比。诗人对黑夜和白昼之路的大门做了非常细致的描写。大门是黑夜与白昼的会合点、对立者相融的地方,因而不再有人们经验的普通对比。经过这个大门后,诗人与女神相遇,并得到了"神示"。巴门尼德在真理篇之前所写的序诗意欲何为呢?也许他想说的是:真理是不能被一无所知的凡人把握的,因为女神只会给有识之

---

[1] 巴门尼德.巴门尼德著作残篇[M].大卫·盖洛普,英译.李静滢,汉译.桂林:广西师范大学出版社,2011:66-72.

第二章　诠释学视域下隐喻与真理的概念及其特性分析　39

人指引"真理之路",而这样一次真理之旅也并不是一帆风顺的,获得进入"真理之路"的特权,就如同展开地狱之旅的奥德修斯。

即便在序诗中巴门尼德并没有直接阐述真理,我们也从隐喻的模仿中"看到"了凡人常走的路(那是那条非真理之路)和诗人被带上的那一条真理之路。隐喻何以能够让我们"看见"真理?那便是隐喻在现实(凡人走的路)基础上进行了虚构(诗人踏上的真理之路)。隐喻的开放性体现了此在向事物敞开,并在现实的基础上使存在的可能性呈现在我们面前。

第二节 真理的概念及其特性分析

真理是西方哲学两千多年来一直探讨的重要概念,许多哲学家都对这一概念提出了自己的观点。巴门尼德在《论自然》残篇中借女神之口说出了区别于"意见之路"的"真理之路"。下文取自《论自然》残篇2~3:

"来吧,让我来告诉你,而你要谛听并传扬我的话,
只有哪些探寻之路是可以思考的:
一条路——[它]存在,[它]不可能不存在,
这是皈依之路(因为它伴随着真理);
另一条路——[它]非存在,[它]需定非存在。
我向你指出,这是完全不可认知的一条路,
因为你无法认识非存在(这是不可行的),
也不能指出非存在。"①

巴门尼德之所以区分"真理之路"和"意见之路"是想将人们对纷繁复杂的现象的关注引向对单一的本质的关注,因为只有不变的东西才是真理认识的对象。柏拉图认为由于感性事物不断变化,所以不能有共同的定义。他把非感性的东西称为"理念"(idea),即真理。由于感性事物占有了理念,所以与理念有相同的名称,却处于理念之外②。从笛卡尔开始,真理与确实性等同起来,真理符合论也成了人们对真理的普遍认识。符合论真理观源于古希腊人对理性在话语中呈现的认识。

亚里士多德对真理做了这样的描述:"说存在的事物不存在,由此可见或

---

① 巴门尼德. 巴门尼德著作残篇 [M]. 大卫·盖洛普,英译. 李静滢,汉译. 桂林:广西师范大学出版社,2011:73-74.
② 苗力田. 古希腊哲学 [M]. 北京:中国人民大学出版社,1989:499.

说不存在的事物存在，这是假的；但是说存在的事物存在，不存在的事物不存在，这就是真的；因此说事物存在或不存在的人，他或者是说真话，或者是说假话。"① 由此可见，亚里士多德认为，命题和判断的真假取决于它们是否如实地陈述了客观事物的性质、状态或关系，也就是命题和实在的符合关系。西方哲学两千多年来始终受到真理符合论的影响，对真理的追求也围绕着与实在相符合的道路。古罗马的奥古斯丁就认为，存在着某些不容怀疑的、最基本的真理，数学与逻辑就是这种确凿的真理。奥古斯丁借用作为数学形式命题的特征的必然性，把非形式命题的价值或事实判断也纳入真理的范围。扩大永恒真理范围的结果是，"使这些真理被消融在一个广阔的、可被理解的、实在的世界中，……它们（真理）具有完全的必然性和完全的真实性"②。对奥古斯丁来说，可理解的世界与神的精神等同，而神的精神是永恒的，因此真理的标准就是人的认识符合神并和神一致。现代真理符合论的代表罗素认为，对真理的充分说明必须满足三个条件："第一，它必须考虑到错误的可能性；第二，它必须把真理当成信念或陈述的一种性质；第三，它必须认为一个信念的真理性是依赖外在于信念本身的某些东西和独立于信念本身的。"③

符合论归根结底坚持认为，真理就是真的陈述或判断，而陈述和判断的真伪取决于它是否与事物相符。海德格尔在《论真理的本质》中批判了真理符合论，他认为"真理作为符合是模棱两可的"④。他用"真的金子"和"一个真正的朋友"的例子来加以说明。在这两个例子中，"真"到底意味着什么？如果真实存在指的是符合，真的金子（作为事物）真的与一个陈述相符吗？既然事物和陈述不属于同一个范畴又何以具有符合关系？海德格尔鲜明地指出，真理本身就是一个不充分的界定，真理符合论是不言自明的假象或者说是被误解了的。海德格尔从诠释学视角对真理本质的再思考让我们对真理的理解有了新的视域。

---

① ARISTOTLE. The basic Works of Aristotle [M]. RICHARD MCKEON. New York: The Modern Library, 2001: 1011b.
② ROBERT A MARKUS. 奥古斯丁 [M]. 周兆平，陈海鸿，译//D. J. 奥康诺. 批评的西方哲学史. 洪汉鼎，等译. 北京：东方出版社，2005：149-184.
③ D. J. 奥康诺. 罗素 [M]. 徐友渔，译//D. J. 奥康诺. 批评的西方哲学史. 洪汉鼎，等译. 北京：东方出版社，2005：916.
④ 马丁·海德格尔. 论真理的本质：柏拉图的洞喻和《泰阿泰德》讲疏 [M]. 赵卫国，译. 北京：华夏出版社，2008：3-4.

一、真理的概念分析

在这一节中我们将重点讨论诠释学视域下的真理观。对于西方哲学来说，真理问题不仅仅是一个重要的概念问题，它同时涉及本体论、认识论和方法论问题。海德格尔对真理问题的追问有其现象学的缘起，这就需要我们从对海德格尔有重要影响的胡塞尔谈起。胡塞尔为了使哲学成为一门严格的科学，对自然主义和历史主义进行了批判。按照他的看法，需要重新发现哲学作为一门严格科学的特殊领域，而不是把哲学还原为科学的方法论，同时也要使哲学摆脱历史条件的制约和相对主义的影响。胡塞尔把自己的研究称为现象学，但他所指的现象既不是自然科学的现象，也不是心理学上的心理"显相"。现象学研究的是"意识"，研究各种体验、行为和行为相关项。胡塞尔强调，纯粹现象学旨在"摆脱一切迄今为止通行的思想习惯，认识和摧毁那类通行思想习惯借以限制我们思想视野的理智束缚，然后以充分的思想自由把握住应当予以全面更新的真正哲学问题"①。胡塞尔所说的通行的思想习惯，就是那种把科学视为不仅自身有效而且对所有其他类型知识同样有效的习惯。他要建立的严格科学的哲学就是要成为一切知识的根源或起源。而这种根源在于"事实"之中，因此他提出了"转向事物本身"的口号，即对要认识的事物从一开始就不确立一种未经检验的理论。

为此，胡塞尔提出了我们必须把我们所有的理论和前有的意见"括起来"（einklammen），对我们所有的前意见进行"悬置"（epoche）。胡塞尔认为，我们需要做出一种关于我们所经验的东西的无理论的纯粹描述。在谈到客观对象与原本的主观的被给予方式之间的关系时，他说："关于每一个人都像事物和一般世界对他呈现的那样看见事物和一般世界的这种朴素的不言而喻性，掩盖了一个由值得注意的真理构成的广大的地平线，这些真理从来没有按照自己的特征和自己的系统关联进入到哲学的视野。世界（我们总在谈论的世界）和世界的主观给予方式的相互关联，从来也没有引起哲学上的惊异……这种相互关联也从来没有引起特殊的哲学兴趣，使之成为一种特殊科学态度的主题。"②为了能够对这种相关性进行研究，胡塞尔提出了现象学还原的方法。简单地说，就是排除一切因袭的传统观点、自然观点和理论构造，对事物进行无理论的纯粹描述，从而达到"转向事物本身"。胡塞尔的现象学还原法，在本质现

---

① 胡塞尔. 纯粹现象学通论 [M]. 李幼蒸, 译. 北京：商务印书馆, 1996：43-44.
② 胡塞尔. 欧洲科学的危机与超越论的现象学 [M]. 王炳文, 译. 北京：商务印书馆, 2001：200.

象学中也可以被称为"本质直观"或"本质还原"。本质直观的方法引导人们从心理现象出发达到"纯粹本质"[Eidos（埃多斯）]，或者说引导人们从事实的一般性出发达到"本质的"一般性。胡塞尔说："对本质的设定和对本质的直观把握并不包含对某个个体的事实性存在的设定，纯粹的本质真理也不包含对事实的断言，因此，也无法仅仅从纯粹的本质真理中演绎出最细微的事实真理。"① 虽然胡塞尔否定了对个体的理解在本质直观中的作用，但是他仍然表示，纯粹本质或埃多斯可以从经验的被给予物，如感知、回忆等示范性地表现出来，也可以从我们自由想象的被给予物示范性地表现出来。

在海德格尔看来，胡塞尔的超时间的、非个人的现象学方法依然是一种理论的方法。这种方法试图把生命经历当成对象性的、在意识内部发生的事件，然后通过反思的描述来把握。但这样做的结果是，同样无法把握生命本身②。胡塞尔尝试改变哲学的目标仅仅是通过把目光向"外"看变成向"内"看，也就是开始对人的意识进行观察。海德格尔延续了胡塞尔的这一做法，但也看到了胡塞尔现象学的困境，即不能把握活生生的生命本身。为了走出这一困境，海德格尔对西方哲学的存在论基础提出了挑战。

海德格尔在《存在与时间》中指出了整个西方的传统存在论和形而上学的根本问题，是把存在问题当成了存在者的问题。他认为，存在既不能用定义方法从更高的概念导出，也不能由较低的概念来表现。任何可以定义的东西都是存在者，而非存在。"传统逻辑的'定义方法'可以在一定限度内规定存在者，但这种方法不适用于存在。"③ 但是，存在的不可定义性并不取消存在的意义问题，存在总是某种存在者的存在。为此，海德格尔提出了"此在"（Dasein）的概念，希望通过对此在的生存状态的分析，探讨存在的意义问题。此在指基本本体论意义上的人的存在。海德格尔发现，人这个存在者与其他存在者不同，它在其自身上就与存在打交道，它自身就能如其所是地那样显示存在。人是以领会自身"在"的方式而存在着的，而且每个人所领会的"在"又总是他自身的"在"，所以"此在"是个别的，具有"我的"性质。人的"在"本身没有现成的本质，它是在不断追问自己的"在"的过程中展开的可能性，这也揭示了此在的不断超越的性质。

---

① EDMUND HUSSERL. Ideas Pertaining to a Pure Phenomenology and to a Phenomenological Philosophy [M]. trans. F KERSTEN, Boston：Martinus Nijhoff Publishers, 1983：11.
② 张汝伦.《存在与时间》释义：第一卷 [M]. 上海：上海人民出版社, 2012：98.
③ 马丁·海德格尔. 存在与时间 [M]. 陈嘉映, 王庆节, 译. 北京：生活·读书·新知三联书店, 2011：5.

对于海德格尔来说，真理与存在必须同时被追问，并且是在"此在"的生存论的意义下被追问。海德格尔把传统的真理定义总结为三个命题："①真理之'处在'是陈述（判断）。②真理的本质在于判断同它的对象的'一致'。③逻辑之父亚里士多德不仅把判断作为真理的源始场所，他也把真理定义为'一致'。"① 海德格尔认为把真理标注为"符合"是空洞的。传统的真理观认为，知和物之间存在符合的关系。但是既然知和物二者非同类，自然不会有符合关系。不但没有符合关系，也没有通常所说的"如……那样"（认识应当如事情所是的那样把它"给"出来）的关系。这造成了符合论的根本问题所在，即预设为前提的关系整体本身存在问题。

认识的真理不是由事物证明的，而是由认识自己证明的。这当然会被认为是违背科学的客观标准。但在海德格尔看来，认识与事实的符合关系只有在证明的整体关联中才有可能被我们看到。他用一个背对着墙的人说"墙上的画挂歪了"为例来说明自己的观点。这个陈述者转过身去，感知到墙上那幅画挂歪了，证明了自己的陈述。海德格尔认为，得到证实的是：陈述是一种向着存在着的物本身的存在。无论陈述是想象的还是由知觉证明的，"得到证实的是：向着被陈述者的陈述着的存在阐明了这个存在，它揭示了那个它向之存在的存在者。作为存在的陈述首先表达的不是某一个主体的主观观点，它本身是一种揭示，即真理"②。陈述的"真在"（真理）必须被理解为揭示着的存在。不管人们说画挂歪了还是没有挂歪，或是墙上有没有挂画，都证实（揭示）画的某种存在，这也就是所谓的"它在它的自我同一性中存在着"。因此，"证实意味着存在者在自我同一性中显示自己"③。

在海德格尔看来，真理不是认识论和判断理论的问题，而是存在的问题，因此真理是存在论的问题。西方哲学的传统真理观错误地把真理看成一个认识论和判断理论的问题。巴门尼德首先揭示了存在者存在，并且把存在和对存在的理解等同起来，即思有（存在）同一。而按照亚里士多德对哲学的规定，真理本身不是在认识论意义上成为研究的对象，而是作为事情本身存在的。海德格尔认为真不真不是判断和命题，而是被判断的事情或事态。真理问题就是存在问题，真理与存在具有源始的关联。

海德格尔认为，"是真"等于说是进行揭示的。"真理"一词源于希腊语（αληθεια），意为"去蔽"，也就是不再被遮蔽的东西。亚里士多德在《解释

---

① 孙汝伦.《存在与时间》释义：第二卷 [M]. 上海：上海人民出版社，2012：655.
② 孙汝伦.《存在与时间》释义：第二卷 [M]. 上海：上海人民出版社，2012：661.
③ 孙汝伦.《存在与时间》释义：第二卷 [M]. 上海：上海人民出版社，2012：662.

篇》中把真理等同于事情、现象，这样真理就意味着"事情本身"；在赫拉克利特残篇中，真理现象是在被揭示状态（去蔽）的意义上出现的。希腊先贤们不是无缘无故地把无所领会的人同"逻各斯"、同说逻各斯和领会逻各斯的人加以对照。逻各斯说出了存在者如何行事，而对于无所领会的人，其所行仍停留在晦蔽状态中，把 αληθεια（去蔽）翻译成"真理"，从根本上遮蔽了希腊人先于哲学而领会到的东西的意义①。

海德格尔把真理视为揭示状态和进行揭示的存在，并非只是对词源的考察。"真在"这种进行揭示的存在是此在的一种存在方式，而这种存在方式使揭示活动本身成为可能的东西。"揭示活动本身的生存论—存在论基础首先指出了最源始的真理现象。"② 由于揭示活动是在世的一种方式，世内存在者成为被揭示的东西。而世内存在者的揭示状态奠基于世界的展开状态。这使揭示活动与此在相联系，因为展开状态是此在的基本方式，只有通过"此在"的展开状态才能有被揭示状态。"只要此在作为展开的此在展开着、揭示着，那么，它本质上就是'真的'。'此在在真理中'这一命题具有存在论意义。"③此在的最本已的存在的展开状态属于它的生存论结构。因此，我们说认识作为"揭示活动"不是此在的唯一的存在方式，此在还有别的存在方式。"源始整一的此在在世，首先是把实存（生存）展开，即把此在本身揭示出来。所以，此在的'展开状态'才是源始的实存的真理，而认识活动只是实存的一部分。"④

海德格尔从四个方面对"此在在真理中"这一生存论原理进行了阐述。第一，一般的展开状态是此在的最本质上的存在状态，而不是某种属性。也就是说，展开状态是此在存在整体结构的本质特征。它包含日常存在活动的特征，同时也包含人与事物关系的特征。第二，此在的存在状况还包含被抛境况，也就是说，被抛境况是此在的展开状态的构成环节。被抛的意思是说，此在作为我的此在总是已经在某个世界之中，并与在这个世界中得到揭示的存在者共同处于这一世界。第三，此在的存在状况包含有筹划。筹划的意思是说，此在能够领会存在者能够从世界和他人来理解自己，也可以从自己本已的能在来理解自己。在这里，海德格尔强调，此在在最本已的能在中把自己对自己展

---

① 马丁·海德格尔.存在与时间[M].陈嘉映，王庆节，译.北京：生活·读书·新知三联书店，2011：252-253.
② 马丁·海德格尔.存在与时间[M].陈嘉映，王庆节，译.北京：生活·读书·新知三联书店，2011：253.
③ 马丁·海德格尔.存在与时间[M].陈嘉映，王庆节，译.北京：生活·读书·新知三联书店，2011：254.
④ 孙周兴.语言存在论[M].北京：商务印书馆，2011：177.

开来。这一本真的展开状态乃是生存的真理。第四，此在的存在状况包含有沉沦。存在者被揭示同时也被伪装，存在者虽然呈现的，却是以假象的样式呈现的。已经被揭示的东西，同样也会重回伪装和晦蔽中。此在的实际状态中包含有封闭和遮蔽。因此从生存论—存在论意义上说，"此在在真理中"也源始地意味着"此在在不真中"①。

海德格尔在诠释学的生存论视角下对真理的重新审视并不是要给真理下个定义，而是对真理进行了现象学描述。传统的真理观是关于存在者的真理，而海德格尔生存论意义上的真理观是存在的真理。所谓的"存在的真理"不是通常意义上的"关于存在的真理"，而是真理只能来自存在。对于存在者来说，"真"是一个后加的形容词，而对于存在来说，"真"就是它自己，存在不能不真。海德格尔指出，当存在被理解为"一般"或"存在性"的时候，存在本身就降为了存在者的真理，也就是表象的正确性。

海德格尔在其哲学思想的后期，从生存论逐步转向对存在本身的探讨，他对真理问题的看法也有所改变。他在《哲学贡献》中不断重申"真理是对自我遮蔽的敞空（Lichtung）或真理是自我遮蔽的敞空"②③。"敞空"一词是对法文词"林中空地"（clairière）的直译。海德格尔认为，敞空是指允许使事物可能的显现和显示的那种开放性。在"敞空"一词的内涵中，海德格尔明确阐明了它与光有根本的区别。在他看来，"形而上学真理观起源于将事物视为在场，将存在视为在场性，认识或沉思就是对在场物的观看，真理就是使事物被看见"④。海德格尔认为，对于真理来说光不是最源始的，必须有一个敞空的领域，光才成其为光。敞空所意味着的开放领域不是一种状态，而是一种发生。"敞空的被遮蔽即不被思本身就属于那个作为去蔽的 αληθεια。换言之，去蔽本身就包括遮蔽，遮蔽不是去蔽的一个空洞偶然的外加，而是去蔽的核心。"⑤ 海德格尔后期的真理观中特别肯定了"遮蔽"或"隐蔽"是真理的不可或缺的部分。"'遮蔽'或'隐蔽'不是静态的状态，因为真理就是存在本

---

① 马丁·海德格尔. 存在与时间 [M]. 陈嘉映，王庆节，译. 北京：生活·读书·新知三联书店，2011：254-255.

② 张汝伦. 二十世纪德国哲学 [M]. 北京：人民出版社，2008：352.

③ 张汝伦把 Lichtung 译为"敞空"，李菁在《什么是真理？——海德格尔和维特根斯坦的不同回答》（载《世界哲学》2011年第3期）一文中，将 Lichtung 翻译成"疏敞地"。Lichtung 在德语中只有一个意思（林中空地），但动词 lichten 和形容词 licht 都有"照亮""明亮的"和"使稀疏""稀疏"的含义，海德格尔认为应该从第二个意思去理解。lichten 某物就是"使某物稀疏，使某物空出来和敞开"，如：使森林的某处没有树。

④ 张汝伦. 二十世纪德国哲学 [M]. 北京：人民出版社，2008：353.

⑤ 张汝伦. 二十世纪德国哲学 [M]. 北京：人民出版社，2008：355.

身，它支配着，而决不'存在'着，所以一切属于真理的东西也都支配着，即源始地发生着。"①《在哲学的终结和思之任务》中，海德格尔区分了敞空的 $\alpha\lambda\eta\theta\epsilon\iota\alpha$ 和 Wahrheit（真理）。他将"真理"严格规定为传统的符合论的真理和关于存在知识的确定性，而作为敞空的无蔽给了这种真理可能性。"追问 $\alpha\lambda\eta\theta\epsilon\iota\alpha$，即追问无蔽本身，并不是追问真理。因此把敞空意义上的 $\alpha\lambda\eta\theta\epsilon\iota\alpha$ 命名为真理，这种做法是不恰当的，从而是误入歧途的。"②海德格尔之所以将敞空的 $\alpha\lambda\eta\theta\epsilon\iota\alpha$ 与真理（Wahrheit）区分开，其主要目的是想让我们悬置形而上学的思维预设，从而真正地把握源始的真理，即敞空的 $\alpha\lambda\eta\theta\epsilon\iota\alpha$，而源始的真理才是认识的真理的基础，因此用传统的符合论的真理去审视源始的无蔽之真理从根本上说是荒谬的。

综上所述，海德格尔诠释学视域下的真理观是存在的真理，而非认识论意义上的真理。海德格尔对真理的诠释已经完成了从认识论意义到存在论意义的转变。如果说符合论的真理是真理，那它只能是认识的真理，而第一位意义上的真理是存在的真理，是源始的真理。海德格尔通过词源学的方法来探究"真理"的内涵，并不是让我们把真理理解为一个词或是什么术语。把真理看成展现状态和正在揭示，绝对不是在解释语词，而是缘于我们对此在的一些行为的分析。也就是说，"归根结底是因为此在的存在行为是'真的'，才有'真理'的种种定义，包括海德格尔给真理的'定义'"③。因此，真理的"定义"绝非语义问题，而是一个存在的问题。对海德格尔来说，"'真'是一种存在，作为正在揭示的'是真的'是此在的一种存在方式。使揭示本身可能的东西，必须必然在一个更源始的意义上被称为'真的'。揭示本身的生存论—存在论基础首先显示了最源始的真理现象。最源始的真理现象不是别的，就是此在的存在"④。海德格尔通过对此在的生存论结构的分析强调真理的存在源始地同此在相联系。

"此在的存在就是揭示，此在的存在理解展示了一个意义世界，世内存在者只有在这个世界中才能被揭示；而此在始终是通过它的展示性（存在理解）在揭示。"⑤ 真理本质上就具有此在式的存在方式，也正因为这种存在方式，真理同此在的存在相关联。这种关联性并不意味着一切真理都是"主观的"，

---

① 张汝伦. 二十世纪德国哲学[M]. 北京：人民出版社，2008：356.
② 马丁·海德格尔. 面向思的事情[M]. 陈小文，孙周兴，译. 北京：商务印书馆，1999：85.
③ 张汝伦.《存在与时间》释义：第二卷[M]. 上海：上海人民出版社，2012：672.
④ 张汝伦.《存在与时间》释义：第二卷[M]. 上海：上海人民出版社，2012：673.
⑤ 张汝伦.《存在与时间》释义：第二卷[M]. 上海：上海人民出版社，2012：673.

"因为就揭示活动的最本已的意义而言，它是把道出命题这回事从'主观'的任意那里取走，而把进行揭示的此在带到存在者本身面前来"①。我们不能用符合论真理观的二元论思想去思考存在的真理，因为存在的真理是源始的真理，而非认识的真理。它不仅给予符合论意义上的存在知识的正确性以可能性，同时也给予精神科学对存在的揭示以可能性。认识论意义上的确定性真理从根本上使精神科学变成了与真理无关的领域，而从生存论意义上看，存在之真理与此在之展开状态和揭示活动相关联，真理具有可揭蔽性和事件性特征。

二、真理的可揭蔽性

在《存在与时间》中，海德格尔如是说："唯当此在存在，才'有'真理。唯当此在存在，存在者才是被揭示被展开的。"② 这是海德格尔前期关于真理问题的基本观点。虽然这一观点似乎有着主观主义的倾向，但是海德格尔认为他的"实存论存在学"既不是主观的，也不是客观的，因为此在是一个源始的整体现象，此在与世界是"一"。"此在"概念的提出让我们可以意识到认识论的真理是科学的真理，是第二位意义上的，是从属于存在的真理的。

海德格尔在《论真理的本质》中指出，作为无蔽之真理的本质存在于对遮蔽着的东西的克服之中，就是说，无蔽本质上与遮蔽和遮蔽着的东西相关。存在者整体的遮蔽状态，即非真理，属于真理的本质。倘若没有遮蔽，则根本就谈不上揭蔽，遮蔽是揭蔽的基础。"可揭蔽性，对遮蔽的克服，如果它本身不是一种与遮蔽的原始争斗的话，就根本不会真正地发生，一种原始的争斗（绝不是争论）：这意味着那种争斗，它本身首先形成它的敌人和对手，并帮助它们成为它最严格的敌对方。无蔽不是简单的此岸，遮蔽是对岸，毋宁说，作为可揭蔽性的真理之本质，是桥，更确切地说：从此岸向对岸搭桥。"③ 海德格尔认为，非真理虽然是真理的对立面，但我们不能把非真理称为遮蔽。在生存论视域下，存在者的遮蔽已经不是错误、不正确性意义上的非真理。这里我们需要警惕认识论意义上的真理观对我们的潜在影响。如果说我们没有意识到某物，那并不是我们意识到了错误的、不真实的东西，而是由于某物对于我

---

① 马丁·海德格尔. 存在与时间 [M]. 陈嘉映, 王庆节, 译. 北京：生活·读书·新知三联书店, 2011：261.
② 马丁·海德格尔. 存在与时间 [M]. 陈嘉映, 王庆节, 译. 北京：生活·读书·新知三联书店, 2011：260.
③ 马丁·海德格尔. 论真理的本质：柏拉图的洞喻和《泰阿泰德》讲疏 [M]. 赵卫国, 译. 北京：华夏出版社, 2008：88.

们而言是遮蔽着的且不被我们知晓。真理的可揭蔽性意味着真理不是认识意义上的正确的判断，而是无蔽之真理的呈现。

海德格尔在分析柏拉图的洞喻时指出，理念作为察看所看到的东西，既不是客观的事物，也不是主观创造出来的东西。"被看到的东西本身和看的活动，共同属于存在者之无蔽的形成，即真理的发生。"① 当遮蔽和遮蔽的东西被消除或克服，无蔽发生，遮蔽之消除，即为揭—蔽（ent-bergen）。在"光"中的看具有揭蔽的特性，其本身就是揭蔽活动。对理念的察看，即先行对存在的领会或是对事物之本质的领会，就是揭蔽的。揭蔽属于看的内在倾向，揭蔽是在光中看的最内在本性。"存在者的无蔽发生在揭蔽状态中或通过它而发生，它有筹划—开放的抉择性使命，无蔽的本性就是可揭蔽性。"②

真理的可揭蔽性突出的是存在之真理被遗忘的"隐"的方面以及参与揭蔽活动的人。海德格尔在其思想发展的后期明确强调，"人是被存在本身'抛'入存在之真理的，人在如此这般绽出地实存之际守护着存在之真理，以便存在者作为它所是的存在者在存在之光亮中显现出来。至于存在者是否显现以及存在者如何显现，上帝和诸神、历史和自然是否以及如何进入存在之澄明中，是否以及如何在场与不在场，凡此种种，都不是人决定的。存在者之到达乃基于存在之天命"③。显然，后期的海德格尔认为，存在是高于此在的，人"参与"存在者之揭蔽，但自身需要先在存在之真理的无蔽彰显中，由于历史性的人类能够进入"此之在"，因此得以进入敞开领域。海德格尔后期的思想强调人与存在者打交道不是征服和掌握存在者，而是"参与"或是"守护"，因为"此之在"意味着人在世界之多维中让存在者存在，但他依然肯定了人在揭蔽中的重要作用。

真理的可揭蔽性不能被理解为作为主体的人对客观事物的把握，而是人"参与"了存在之真理的显现活动，存在之真理在"此之在"中显现。存在既"隐"又"显"，而"显"即希腊的"无蔽"（αληθεια）意义上的"存在之真理"。存在源初地显现于有所遮蔽的隐匿的光亮中，这种澄明就是"无蔽"。

海德格尔在《林中路》中详细地讨论了作品和真理的关系。海德格尔认为神的雕像并不是为了让人们更容易认识神的形象而制作的，它实际上是一部

---

① 马丁·海德格尔. 论真理的本质：柏拉图的洞喻和《泰阿泰德》讲疏 [M]. 赵卫国, 译. 北京：华夏出版社，2008：71.
② 马丁·海德格尔. 论真理的本质：柏拉图的洞喻和《泰阿泰德》讲疏 [M]. 赵卫国, 译. 北京：华夏出版社，2008：72.
③ 马丁·海德格尔. 路标 [M]. 孙周兴, 译. 北京：商务印书馆，2001：388.

作品，这一作品使得神的形象现身在场，因而就是神本身。相同的情形也适用于语言作品。作品的作品存在何在呢？"作品在自身中突现（凸显）着，开启出一个世界，并且在运作中永远守护这个世界。作品存在就是建立了一个世界。"① 世界并非现成的熟悉或不熟悉的物的单纯聚合，也就是说，世界不是立身于我们面前的可以被我们打量的对象。世界始终是非对象性的东西，而我们人始终隶属于它。作品之为作品建立了一个世界，作品也就张开了世界之敞开领域。"作品把大地挪入一个世界的敞开领域中，并使之保持于其中。作品让大地是大地。"② 在海德格尔看来，大地是人立于其上，并在其中建立了他们在世界之中的栖居之处。对大地的制造由作品来完成，因为作品把自身置于大地之中。人们常常错误地以为，艺术作品中的真理是被摆置入作品中的。将真理把握为无蔽并不能解决真理之本质这个基础问题。

"并不是我们把存在者之无蔽状态设为前提，而是存在者之无蔽状态（存在）把我们置入这样一种本质之中，以至于我们在我们的表象中总是已经被投入无蔽状态之中并且与这种无蔽状态亦步亦趋。"③ 存在者之无蔽状态将我们置入一种光亮领域，存在者在这种光亮中站立起来。海德格尔认为，存在者始终在存在之中。存在者的许多东西并非人所能掌握的，只有少量为人所认识。而人所能认识的也始终是一个大概，所掌握的也始终不可靠。我们遇到的每一存在者都遵从在场的这种异乎寻常的对立，因为存在者总是把自己抑制在一种遮蔽状态中。存在者之无蔽不是现存的状态，而是一种生发。真理以几种根本性的方式发生。真理发生的方式之一就是作品的作品存在。作品建立着世界并且制造着大地，作品因之而是那种争执的实现过程。在这种争执中，存在者整体之无蔽状态亦即真理被争得了。

在海德格尔看来，一幅凡·高的《农鞋》中发生着真理，并不是说此画中某种现存之物被正确地临摹出来了，而是存在者整体被带入无蔽状态并且保持于无蔽状态之中。在作品中发挥作用的是真理，而不是一种真实。"从鞋具磨损的内部那黑洞洞的敞口中，凝聚着劳动步履的艰辛。这硬邦邦、沉甸甸的破旧农鞋里，聚集着那双寒风料峭中迈动在一望无际的永远单调的田垄上的步履的坚韧和滞缓。鞋底上黏着湿润而肥沃的泥土。暮色降临，这双鞋底在田野小径上踽踽而行。在这鞋具里，回响着大地无声的召唤，显示着大地对成熟谷物的宁静馈赠，表征着大地在冬闲的荒芜田野里朦胧的冬眠。这器具浸透着对

---

① 马丁·海德格尔. 林中路 [M]. 孙周兴，译. 上海：上海译文出版社，2004：30.
② 马丁·海德格尔. 林中路 [M]. 孙周兴，译. 上海：上海译文出版社，2004：32.
③ 马丁·海德格尔. 林中路 [M]. 孙周兴，译. 上海：上海译文出版社，2004：38.

面包的稳靠性无怨无艾的焦虑，以及那战胜了贫困的无言喜悦，隐含着分娩阵痛时的哆嗦，死亡逼近时的战栗。这器具属于大地，它在农妇的世界里得到保存。正是由于这种保存的归属关系，器具才得以出现而得以自持。"①

《农鞋》中大地与世界的争执，乃是一种本质性的对立，这种对立并不是势不两立、你存我亡的对立。正是在这种争执中，大地与世界才更加确认自身，更加成为自身。这种澄明（世界）与遮蔽（大地）的争执，正是真理之本质。海德格尔因此说"艺术是真理的生成和发生"②。在现存事物和惯常事物那里是从来看不到真理的，只有通过对在被抛状态中达到的敞开性的筹划，敞开领域之开启和存在者之澄明才发生出来。

三、真理的事件性

真理的事件性与真理的可揭蔽性紧密相连，真理之无蔽的发生就是人的生存之基本事件。"真理之本质（可揭蔽性）是与人一道发生的事件。"③ 海德格尔强调，将真理看成与人一道发生的事件并不是将真理降格为人的东西，毕竟真理是人追求的东西，是作为超越他而存在的东西。反对将真理之本质"人化"并不意味着走向另一个极端，即真理与人无关，而是需要我们重新考虑人的概念。人作为在存在者之中而生存着的存在物，在历史中经历着无蔽的发生，即可揭蔽性。真理之本质首先使我们把握了人之本质。此在的基本事件，原始的无蔽就是筹划着的、作为在"人中"即在其历史中所发生的揭—蔽事件。在认识论意义上，真理常常被看成现成的、超出人的东西，但是对于无蔽之真理来说，人在真理之中。人在揭蔽的事件中，作为来到其自身的东西，才能形成存在者的无蔽，发现自己的生存所在。

对真理的揭蔽是作为人的生存之基本事件发生的，是人在对存在筹划着的察看中发生的，因为人不同于其他的存在者，人是那种领会存在的存在者，并且在这种存在之领会的基础上生存。"人是那种在察看存在中生存的存在者。"④ 人的这样一种察看是在生存论意义上的揭蔽事件，它不同于认识论意义上的原理式真理。认识论意义上的科学真理，通过事实得到证明，或从原理

---

① 马丁·海德格尔. 林中路 [M]. 孙周兴，译. 上海：上海译文出版社，2004：19.
② 马丁·海德格尔. 林中路 [M]. 孙周兴，译. 上海：上海译文出版社，2004：59.
③ 马丁·海德格尔. 论真理的本质：柏拉图的洞喻和《泰阿泰德》讲疏 [M]. 赵卫国，译. 北京：华夏出版社，2008：73.
④ 马丁·海德格尔. 论真理的本质：柏拉图的洞喻和《泰阿泰德》讲疏 [M]. 赵卫国，译. 北京：华夏出版社，2008：75.

出发从形式逻辑的方式推论。生存论意义上的真理之本质不在可证明或不可证明的范畴内，而是"哲学式地"表明："只有从某种基本决断出发，从某种朝向存在、朝向其在虚无中的界限的基本行为出发，存在之领会问题，就存在者整体的成问题性而言，才会获得它的立足点。"① 这里海德格尔强调对无蔽的真理之本质的领会需要从此在这个最为根本的基础出发。当海德格尔说"人绽出地生存"时并不是对人是否存在进行回答，而是对人之本质的问题的回答。人之本质源始地与存在之澄明的绽出关联。对存在之领悟只有在对"在世界之中存在"的"生存论分析"的领域内才能得到思考，因此，我们说真理是与人一道发生的事件。

在柏拉图的洞喻中，囚徒如果仅仅是在洞穴中保持不变的姿态，无蔽的真理何以能够被把握？正是当囚徒参与到在解放的历史中所发生的事件时，囚徒的境况才能改变。在这一事件中，不仅无蔽之真理得以显现，同时还有人的本质被把握。人在作为一种揭蔽着的事件的可揭蔽性中，寻找作为存在者之无蔽的真理之本质，因为人是那种领会存在的存在者，并基于这种存在之领会而生存。人之本质在存在之领会中展现。

海德格尔认为，"一切艺术本质上都是诗"②。艺术之本质乃真理之自行摆置入作品。作品的作用不是通过因果关系对以往的存在者发生影响，而是在于存在者之无蔽状态的一种源于作品而发生的转变。在这里，诗是广义上的，同时也在与语言和词语的紧密的本质统一性中被理解。诗歌是真理之澄明着的筹划的一种方式。由于语言首度命名存在者，这种命名才把存在者带向词语而显现出来。命名就是指派存在者，使之源于其存在而达于其存在。这样的道说就是澄明之筹划，它宣告存在者作为什么东西进入敞开领域。筹划着的道说就是诗、世界和大地的道说。诗是存在者之无蔽的道说。说语言是诗，不如说诗歌在语言中发生，因为语言保存着诗的原始本质。"建筑和绘画总是已经、而且始终只发生在道说和命名的敞开领域之中。它们为这种敞开所贯穿和引导，所以它们始终是真理把自身建立于作品中的本已道路和方式。它们是在存在者之澄明范围内的各有特色的诗意创作，而存在者之澄明早已不知不觉地在语言中发生了。"③ 真理的诗意创作的筹划是对历史性的此在已经被抛入其中的大地的开启。对于一个历史性民族来说，就是它的大地，是自行锁闭着的基础，而

---

① 马丁·海德格尔. 论真理的本质：柏拉图的洞喻和《泰阿泰德》讲疏 [M]. 赵卫国，译. 北京：华夏出版社，2008：76.
② 马丁·海德格尔. 林中路 [M]. 孙周兴，译. 上海：上海译文出版社，2004：59.
③ 马丁·海德格尔. 林中路 [M]. 孙周兴，译. 上海：上海译文出版社，2004：62.

这个历史性民族随着一切已然存在的东西——尽管在遮蔽的状态中——而立身于这一基础之上。这一基础也是它的世界，这个世界由于此在于存在之无蔽状态的关联而起着支配作用。真理从来就不是那个等待我们人去开启的存在之无蔽，真理的揭蔽是人的生存之基本事件发生的。在此在为存在之无蔽的展现中，人参与其中，人是那个能够领会存在的存在者，并且在这种存在领会中生存。真理的事件性意味着就是在最本己的历史中把握自己本身。

  本章从诠释学的视域出发，对隐喻和真理的概念及其特性进行了分析，为全书的论述奠定了基础。西方哲学两千多年来始终关注真理问题，对真理的探讨在20世纪经历着巨大的变化。真理观的变迁直接导致了对语言认识的转变，20世纪出现的哲学的语言转向就反映了这一现实，与此同时，隐喻研究的重要性也凸显出来。然而在认识论真理占主导地位的现代社会，隐喻与真理的关系是晦暗不明的。要想真正厘清隐喻与真理的关系，我们需要从生存论的理论出发，重新追问存在和真理的真正内涵。存在之真理才是最为根本的，真理与此在相关联，这便意味着作为此在的存在理解的隐喻与真理相关联。第三章将详细讨论隐喻与真理的关系。

第三章 隐喻作为存在之真理的显现：从生存论结构分析入手

第二章在诠释学视域下对隐喻和真理的概念及其特性做了深入的分析，本章将重点讨论隐喻与真理的关系。本章首先分析了存在、真理和隐喻的生存论结构，然后探讨隐喻作为存在经验和真理经验的存在理解。海德格尔的此在诠释学让我们由认识的真理回归到源始的真理，即存在的真理。伽达默尔的哲学诠释学将真理问题扩大到了精神科学中的理解问题。存在的真理与此在密切相关。作为揭示存在（真理）的揭示者，此在的揭示活动不是主体的主观意识活动，而是在世此在的存在方式，也就是说，此在的存在方式是存在理解。而理解也不是一般意义上的"我去把握……"，而是投身于世界中并与世界打交道，因此理解是存在方式而非认识方式。正是在这种意义上，隐喻是视域融合的理解，并具有理解的前结构特征。不能用逻辑分析的方式去把握隐喻，因为隐喻与前逻辑的存在真理相关。从存在论意义上讲，隐喻是存在经验和真理经验。这种经验正是伽达默尔所说的诠释学经验。它不是科学意义上具有可重复性和可证实性的经验，而是让人类认识到自身有限性的经验。这种经验对新的经验采取开放的态度。隐喻便是这样一种存在经验和真理经验，它向新的经验开放，并不断产生新的理解。存在、真理和隐喻的生存论之维决定了它们必然密切相关。隐喻的对话性、揭蔽性和事件性构成了显现存在之真理的结构特征。

第一节 存在、真理和隐喻的生存论结构分析

在讨论存在、真理和隐喻的关系之前，有必要对它们的生存论结构加以分析，因为这是它们密切联系的基础。在这一部分，我们将从哲学史上关于存在的观点入手，并深入讨论海德格尔哲学对西方存在和真理概念的解构。这种解

构的核心概念是"此在"。存在从来就不是自为的存在,而是在"此在"的存在理解中展现。真理作为揭示状态和进行揭示的存在,源始地意味着此在在"真理中"(揭蔽状态),同时此在也在"不真中"(遮蔽状态)。作为语言始源性特征的隐喻同样具有生存论之维,它是此在的存在经验和真理经验。这种经验也构成了此在的存在理解。

一、存在与真理的生存论之维

要探讨真理问题必须首先探讨存在问题。关于存在(being)的探讨一直是西方哲学的主要话题。当巴门尼德在《论自然》中宣称"存在,不可能不存在"时,他就将存在确定为不生不灭的且只能被思想所理解和把握的整体。对此,柏拉图把存在与理念联系起来,真正的存在只能在理念世界中,而且它还是万物存在的理由和根据。但亚里士多德认为"哲学研究的对象是'作为存在的存在',即本原和最初的原因,而个别科学研究的则是个别存在的属性"[①]。这开启了形而上学之门,存在成为在物理学之后的哲学研究对象。这是在一系列的理性推理之后得出的至高无上的纯形式的理性神。到了中世纪,亚里士多德的理性神有了逻辑意义上的实体的另类指称即上帝。阿奎那认为上帝是宇宙万物的最终目的和永恒法则,因此上帝是绝对的存在,而对事物的认识是要认识事物的本质(essentia)。康德从分析人的认识何以可能入手,为科学划定范围,从而为物自体的存在理性地留下了存在的理由和空间。物自体成为康德语境下的存在,它成为可感的经验世界的来源与根据,尽管我们人不能够通过知性的范畴把握它,但是可以据此确证它的存在。康德认为本体是客观存在的,而现象则因加上了主观形式而成。然而到了近代,随着科学时代的来临,追求认识齐一性、规则性和规律性的科学方法论成为唯一的标准,人们秉承着一种一切都可以用科学化来追问世界之本质的理念。在这样的语境下,存在的真理已经变成了认识的真理。

哲学对存在的追问始终是在二元论之主客二分的框架下进行的。在这个框架下,正如海德格尔所言,存在问题演变成了存在者的问题。用逻辑定义方法只能在一定程度上规定存在者,而不能成为唯一的规定存在者的方法,故这种方法不适用于存在。

海德格尔在讨论存在问题的形式结构时指出,提问"有一种本已的存在

[①] ARISTOTLE. The Basic Works of Aristotle [M]. RICHARD MCKEON. New York: The Modern Library, 2001: 1003a.

特征"。当提问是理论问题时，只有在形式结构的三个要素都明确之后，提问本身才能被明了。"就存在问题的形式结构而言，所问的方向是存在，发问的目标是存在的意义，而被问及的则是人。"① 传统的西方哲学对存在的追问大多是在排除被问及的人的情况下，去探究所谓的客观性的存在。正因为如此，被忽略的是：在对存在进行把握前，我们就已经对存在有了某种理解，而存在的意义和存在的概念都由此而生。海德格尔指出，柏拉图和亚里士多德虽然将存在与存在者相区别，"但他们把存在理解为存在性，认为它是规定存在的东西"，这还是"把存在理解为一种存在者"。然而"存在不是存在者，而是存在者得以被理解的境域，这就彻底突破了柏拉图和亚里士多德将存在理解为存在性的传统"②。

既然存在不是存在者，就不能用于揭示存在者为目的的实证科学来证明存在问题。那么，存在问题问的到底是什么？海德格尔的回答是：（它问的是）存在的意义。虽然存在并不是存在者，但存在总是存在者的存在，或者说，就存在者来问他存在的问题。在对存在本身的意义问题进行澄清后，海德格尔强调，另外一个重要的问题是展开存在的那个存在者的问题，即存在问题的出发点问题。为此，"此在"概念成了厘清这个问题的关键。"此在"是一个与众不同的存在者，"不同意义的存在者的不同存在方式可以在它的存在理解这里得到理解"③。

海德格尔认为以往对存在问题的探讨（提问）方式是有问题的。要想阐明存在问题，是要说清审视存在的方式和如何在概念上把握意义，而这些都与"此在"相关，都涉及这个存在问题的存在者的存在行为方式。"审视、理解和把握、选择、达到，这些都是构成发问的行为，本身是某个确定的存在者的存在样式，我们发问的人本身向来就是这种存在者。"④ 在上述行为中，最为重要的是"领会"（verstehen⑤）。在海德格尔看来，人对存在的领会不是一种孤立的能力，而是他基本的存在方式，人存在的方式就是领会。人的存在不像单纯物的存在（一种实在的存在），也不是由肉体和灵魂（或精神）两个部分组成的。没有离开身体的精神或是纯粹的自我意识存在，人的存在之所以不

---

① 张汝伦.《存在与时间》释义：第一卷 [M]. 上海：上海人民出版社，2012：10.
② 张汝伦.《存在与时间》释义：第一卷 [M]. 上海：上海人民出版社，2012：13.
③ 张汝伦.《存在与时间》释义：第一卷 [M]. 上海：上海人民出版社，2012：15.
④ 张汝伦.《存在与时间》释义：第一卷 [M]. 上海：上海人民出版社，2012：18.
⑤ verstehen 在海德格尔那里是"领会"的意思，而在伽达默尔那里是"理解"的意思。《存在与时间》中译本（陈嘉映、王庆节译）将其译为"领会"，张汝伦在《〈存在与时间〉释义》第一卷中将其译为"理解"。

同于一切植物和动物的存在，就在于他能够超越自己的物质生命活动而领会自己和别的存在者的存在。领会是人的基本的存在方式，并且日常地生活在对存在已经有了一定的把握之中。

在海德格尔看来，真理问题必须与存在问题同时追问。而存在问题也就是存在的真理问题。真理作为揭示需要一个揭示者，而这个揭示者就是作为在世存在的"此在"。第二章已经详细论述了真理与此在的关系，即唯有此在存在，真理才存在。但这并不是说真理是"任意"意义上主观的，真理是此在的一种存在方式，此在不对应一个物世界的我，而是在世此在和共在。此在存在着就揭示着，此在存在于"真理中"。但是此在一方面是真理的展开，另一方面也是真理的遮蔽。此在总是沉沦在世，沉沦在世的表现是遗忘从前被揭示的东西，因而又回到遮蔽中。

在海德格尔的此在的诠释学中，理解仅是对"此在"的存在论分析的一个环节。伽达默尔在海德格尔的诠释学基础上，建立了自己的诠释学基本出发点，并把"理解"作为研究的主题。伽达默尔认为，凡是认识必然是理解，人对世界的全部经验都不可能摆脱理解和解释的性质。因此，对存在的把握也不可能离开理解。伽达默尔对海德格尔思想的进一步发展为探讨真理的生存论结构开拓了新的思路。

在《什么是真理？》一文中，伽达默尔分析了两千多年来构成西方文明主要特点的科学对于真理观的影响。当希腊的哲学家们发现了话语可以让事物本身处于可理解的状态时，"讲话"［逻各斯（logos）］就被正当地翻译成了"理性"。在特定的讲话方式中得到展现和转达的正是事物本身的理性，人们把这种讲话方式称为陈述或判断。亚里士多德就认为，如果一个判断把事物中的联系如其所是地呈现出来就成了真判断，反之就是一个错误的判断。故此，话语的真理性就以话语与事物的符合来确定，这便产生了从逻辑学角度看十分可信的真理定义，即"知性对事物的符合"。由此，真理便成了句子真理，真理的所处就成了判断。伽达默尔指出，这样的真理观是一种片面的主张，其实希腊人所谓的科学与我们的科学概念是完全不同的。在希腊人眼中，只有数学才算是真正的科学。而近代科学的看法是，数学只能算是最完美的认识方法。如今占统治地位的是方法概念，可验证性构成了真理的特性，满足确实性的东西才能满足作为真理的条件。这种科学的本质对我们整个生活具有决定性的作用。然而，如果想把握陈述的真理，既不能单纯地从其揭示的内容进行把握，也不能如黑格尔所言那样要通过与辩证过程的整体相联系（这种过程只能认识绝对知识）才能把握。所有陈述的动机的最终逻辑形式就是问题，问题在逻辑学中占优先地位。如果我们摒弃科学上问题和答案的理论关系，转而思考人的被问与自问的具体境遇，我们就能发现问题所具有的人际现象。

伽达默尔认为，海德格尔对真理本质的追问真正超越了主观性疑难范围，他的研究思路把科学问题以及历史科学问题都抛在了后面，从"证据"之路最终转向了"事物"之路。"每个陈述都有其境域和谈话功能，这只是继续研究的基础，以便把所有陈述的历史性都归溯到我们存在的基本有限性。陈述并非只是想象起存在的事实，这首先说明陈述属于历史存在的整体，并不能和它同在的一切事物具有同时性。"① 由此，伽达默尔将真理问题扩大到了精神科学中的理解问题。海德格尔认为自己的工作是返回到了西方哲学的最早开端并重新关注已经被遗忘了的古希腊人关于"存在"的争论。胡塞尔对与生活世界和无名称的意义建立的分析给予精神科学的客观性一个全新的背景。"这种分析使科学的客观性概念表现为一种特殊情况。科学可以是任何东西，但绝不是那种要从其出发的事实。……当我们返回到'有作为的生命'，自然和精神的对立就被证明不是最终有效的。不论精神科学还是自然科学，都必须从普遍生命的意向性的作为，也就是从某种绝对的历史性中出来。这就是那种唯一满足与哲学自我反思的理解。"②

在海德格尔那里，理解是此在的存在方式，因为理解就是能存在和"可能性"。此在在这样一种生存论分析背景下，精神科学的诠释学问题就转向了新的方向。海德格尔重新唤起的存在问题因此超越了哲学的全部形而上学，同时还获得了一种根本不同的新立场。理解不只是跟随生命的理想性的一种操作，而且是人类生命本身原始的存在特质。海德格尔通过对此在的先验分析阐明了此在的这种结构。他揭示了一切理解的筹划性质，并且把理解活动本身设想为超越运动，即超越存在者的运动。真正的语文学并不只是历史学，而且是一种认识真理的方法。语言引导着过去和当前视界的不断融合，我们能够互相理解，是通过相互交谈，但最终是讲话把所说的事物带到我们面前。之所以如此，是因为语言自身有其历史性。"所谓真理的意思，诸如公共性、事物的去蔽等都有其本身的时间性和历史性。""不通过谈话、回答和由此获得的一致

---

① 汉斯-格奥尔格·伽达默尔. 诠释学Ⅱ：真理与方法 [M]. 洪汉鼎，译. 北京：商务印书馆，2010：67.
② 汉斯-格奥尔格·伽达默尔. 诠释学Ⅰ：真理与方法 [M]. 洪汉鼎，译. 北京：商务印书馆，2010：369.

意见，我们就不能说出真理。"①

本书要探讨的真理正是海德格尔所言的存在的真理，而不是通常我们所说的认识的真理。真理与此在的密切关联决定了真理必然有其生存论之维。作为揭示的真理要有此在作为揭示者。此在的揭示活动不是主体的主观意识活动，而是在世此在的存在方式，而这一存在方式在此在的存在理解中。理解（verstehen）不是我们通常理解的"去把握……"，而是某人与某物打交道，进行周旋。也就是说，理解不是静观并把握对象，而是要投身其中，与某物周旋②。理解的结构不是单向的主观对客观的思考，而是首先身处世界之中，并与世界打交道。理解首先是人的存在方式而不是认识方式，这就意味着存在的真理具有生存论的结构。真理的生存论结构是其最根本的结构特征。

二、隐喻的生存论之维

说隐喻具有生存论之维似乎并不是特别难懂，毕竟语言是人的语言。然而，正如我们在第二章第一节中不断强调的，我们必须意识到我们在不知不觉中已经把语言看成我们用来表达的工具或手段，在语言的使用中起主导作用的似乎必须是我们。对语言的这种理解从根本上否定了语言的生存论之维。因此，对隐喻的生存论结构的理解必须警惕二元论的观点，即把语言看成对象。隐喻作为语言的始源性特征与科学论述中倡导的零修辞的、无歧义的科学语言构成语言的两个极端。科学语言在科学方法论的指导下，把一种极端符号化的语言视为最精准的语言，与此同时也让这种语言与人渐行渐远。但是，即便是追求零修辞的科学语言也无法完全避免使用隐喻，因为隐喻的使用不仅是科学解释的需要，而且也在科学革命中起着重要作用（见第一章第二节）。

那么，隐喻的生存论之维究竟意味着什么？隐喻不只是作为生动的修辞手段，它从根本上说是我们的理解活动，是一种视域融合的理解。视域融合是伽达默尔哲学诠释学中的重要概念。视域（horizont）指在某一立足点所能看到的区域，而视域融合是在理解活动之中必然产生的不同视域之间的融合，即传统的观念与当代的境遇之间的融合。在伽达默尔看来，并不存在像历史主义所认为的两个视域，一个进行理解的人总是具有传统观念并立足于当代的特殊境

---

① 汉斯-格奥尔格·伽达默尔. 诠释学Ⅱ：真理与方法 [M]. 洪汉鼎，译. 北京：商务印书馆，2010：69.

② 洪汉鼎. 作为想象艺术的诠释学（下）：伽达默尔思想晚年定论 [J]. 河北学刊，2006（2）.

遇①。这里，我们将伽达默尔的视域融合概念引入对隐喻的理解之中，虽然隐喻在字面意义上是矛盾的，然而在恰当的语境中我们却可以理解它，其原因在于隐喻本身就是一种理解，是一种视域融合的理解。在以某物指称另一物时，由于视域融合使新理解产生，也使新的概念产生。

伽达默尔在《真理与方法》中并没有对隐喻做详尽的阐述，然而他对语词的"真理性"的探讨却对我们理解隐喻以极大的启发。在伽达默尔看来，希腊哲学对语词的认识是：语词仅仅是名称，并不代表真正的存在。柏拉图在《克拉底鲁篇》②中讨论了两种关于语词与对象之间关系的理论：约定论和自然主义摹写论。约定论认为语词对对象的指称是通过约定而达成的，语词和对象之间除了约定关系并没有任何符合或相似关系。而自然主义摹写论认为语词是其对象的摹本或形象，每一个概念都是它所指称的对象的图画。伽达默尔认为，约定论的局限性在于不能任意地改变语词的含义，而自然主义摹写论的局限性在于"我们不可能看着所指的事物而想着对语言进行批判，说语词并没有正确地反映事物"③。他指出，柏拉图在否定这两种极端的语言理论时，分享了两种理论的共同前提，即事物相对于语言的先在性。柏拉图实际上认为"在对语言正确性的要求中，是不可能达到实际真理的，因此我们必须不借助于语词而纯粹从自身出发认识存在物"④。柏拉图的这一预言与他的理念论是相吻合的。

伽达默尔认为，语言与事物的内在统一性体现在：理解事物就是倾听事物所说的语言，因为没有先于语言的事物，也根本没有离开事物的语言。柏拉图的事物先于语言的观点，是二元论下的观点，是一个我们很容易接受的观点。说语言与事物的内在统一性并不是说语言与事物同时产生，而是说理解事物通过语言来实现且语言也要言说事物——正是在这个意义上，语言与事物是不可分的。伽达默尔在摹写论中看到了它所包含的语词与事物统一的思想。当摹写论说语词是摹本的时候，就已经蕴含着语词除了表现它自身外还可以表达某种别的东西的意思。语词只有把事物表达出来，也就是把所意指的事物显现出来，它才是正确的。因此语词的摹仿不是一种直接意义上的描摹。"语词的

---

① 洪汉鼎. 哲学诠释学的基本特征[M]//洪汉鼎，傅永军. 中国诠释学：第六辑. 济南：山东人民出版社，2009：38.
② 柏拉图. 柏拉图全集：第二卷[M]. 王晓朝，译. 北京：人民出版社，2003：56-133.
③ 汉斯-格奥尔格·伽达默尔. 诠释学Ⅰ：真理与方法[M]. 洪汉鼎，译. 北京：商务印书馆，2010：571.
④ 汉斯-格奥尔格·伽达默尔. 诠释学Ⅰ：真理与方法[M]. 洪汉鼎，译. 北京：商务印书馆，2010：572.

'真理性'当然并不在于它的正确性,并不在于它正确地适用于事物。相反,语词的这种真理性存在于语词的完满的精神性之中,亦即存在于词义在声音里的显现之中。"① 也就是说,语词的存在在于它的意义。伽达默尔对语词的"意义"的探讨,并不是说真理在语词之中,而是要强调语词的意义。

伽达默尔对语词的"真理性"的阐述说明了一个问题,即语词在符号系统中所指称的意义并不全然就是其在话语使用中的意义,因为符号本身并没有绝对的意义。符号的本质就在于只有在其运用功能中才有其存在,它的能力在于进行指示。隐喻所反映的正是语词这种被我们忽略了的意义。隐喻突出体现了语词的"真理性"不在于语词的字面意义,而在于它在使用中由其所遭遇的环境来理解,以便扬弃它自身物的存在,并成为它的意义。

隐喻之所以一直被认为是偏离现象的,其原因在于语言概念的自然构成受到逻辑本质秩序的优越性的影响。然而,语言概念的自然构成遵循着它自己扩展着的经验,这种经验即是发现相似性。伽达默尔称"这里就存在着语言意识的天才性,即它知道如何表达这种相似性"②。隐喻性(metaphorik)是语言最根本的本质,通常意义上,那种认为语词转义是非本质的使用的观点不过是逻辑理论的偏见。经验的特殊性正是在这样的转义中找到它的表达,也只有通过这种方式,思维才能够趋向语言为其准备的贮存,以便达到自我阐明。伽达默尔的论述表达了这样一种观点,即隐喻是概念构成的一种特殊的语言性过程,"因为当一个语词从一物转到另一物以至新物成为可理解的,概念就被改变和扩大。然而,过程不只是语词的过程,因为正是语词被应用的新物才改变和扩大了概念,即语词的意义。"③ 隐喻的转换是两个谈话领域被融合成一体的过程,在这一过程中,不仅概念被形成,共同意义也被达成。隐喻之中呈现一种视域融合的过程模式。隐喻作为语词意义转换的过程,恰恰反映了隐喻是理解的过程这一特性。

作为视域融合的理解,隐喻具有前理解的结构。隐喻是在前理解的基础上,在新的历史境遇下不同视域的融合。海德格尔提出的理解的前结构包括三个要素:前有、前见和前把握。伽达默尔继承了海德格尔关于理解的前结构的

---

① 汉斯-格奥尔格·伽达默尔. 诠释学Ⅰ:真理与方法 [M]. 洪汉鼎,译. 北京:商务印书馆,2010:578.
② 汉斯-格奥尔格·伽达默尔. 诠释学Ⅰ:真理与方法 [M]. 洪汉鼎,译. 北京:商务印书馆,2010:604.
③ 洪汉鼎. 理解的真理:解读伽达默尔《真理与方法》[M]. 济南:山东人民出版社,2001:320-321.

观点,并且把"前有"用于对传统和成见的分析。所谓"前有",是指"此在在去理解之前,对已经被理解了的因缘关系整体先就具有了某种关系",理解的东西被置入这种先有的关系中,如我们的历史处境与传统观念,"我们不是一无所有地进行理解";所谓"前见是指前有中的那些可以在这种特殊的理解事件中被解释的特殊方向","也就是解释者理解某一事物的先行立场或视角";"所谓前把握就是指我们进行理解时事先所具有的概念框架,这种概念框架是我们在进行理解之前先要具有的"①。

理解的前结构特征体现在隐喻的结构之中,隐喻则作为视域融合的理解的缩微形式。表面上看,说一个事物是另外一个事物是毫无逻辑可言的,但是正如前面提到的,逻辑理论并不适用于语言的概念构成。比如当有人说"阿喀琉斯是一只雄狮"时,读过《荷马史诗》中的《伊利亚特》的人不会把这句话理解为阿喀琉斯长得像一只雄狮,而是会把它理解为阿喀琉斯像雄狮一样残暴又勇猛。对于这个隐喻的理解至少存在着两种理解的可能。熟悉《荷马史诗》的人对于阿喀琉斯的形象应该是了如指掌的:阿喀琉斯除了脚踝以外,周身刀枪不入,他身强力壮、武艺高强、残暴又勇猛。"阿喀琉斯是一只雄狮"这个隐喻启发人们在阿喀琉斯和雄狮之间发现一种相似性,这种相似性使"雄狮"这个原本属于动物的名称可以转义用来指阿喀琉斯的残暴又勇猛。阿喀琉斯的个人境遇也赋予了雄狮更加深刻的内涵。阿喀琉斯并不是仅仅像雄狮一样残暴又勇猛。他冒着"短寿"的危险,为希腊盟军而战、为好友帕特洛克罗斯的死而战。深入理解了阿喀琉斯的经历后,雄狮般的勇猛就带有了为民族为友人的大无畏精神。这里我们也许会问,真的有必要运用隐喻来表达阿喀琉斯的勇猛吗?难道隐喻仅仅达到了引人注意的效果吗?隐喻的使用中蕴含着此在对新的理解的渴望,人永远处于不断的理解之中,这是此在的存在方式。此在在每一个历史境域中都会在前理解的基础上对当前的存在进行把握,由于境域和时间的变化,一种通过视域融合而达成的理解几乎是不可避免的。隐喻的基本结构恰恰反映了此在的这种以理解为基本存在方式的存在。

语言意识的独特性就在于它并不受归纳和演绎的逻辑理论所引导。隐喻作为语言使用的根本特性反映了这样一个现实:如果某人把某种表述从一种事物转用到另一种事物上,这不过是他按着自己扩展的经验发现事物的相似性,抑或是事物对我们所具有的相似性。在这一过程中,理解的达成是由于两个不同

---

① 洪汉鼎. 哲学诠释学的基本特征 [M]. 洪汉鼎,傅永军. 中国诠释学:第六辑. 济南:山东人民出版社,2009:8.

的视域在此在的境域中融合，从而新的理解得以产生。

三、作为存在经验和真理经验的隐喻

存在、真理和隐喻的生存论结构决定了它们都与此在相关联，因而具有内在的关系。从本质上讲，隐喻涉及存在的经验，因而也是"超出科学方法论控制范围"的真理经验。如果我们依然在认识论教条下理解经验，我们就不能理解作为存在经验和真理经验的隐喻。只有意识到认识论的基础是存在论，我们才能够讨论存在论意义上的经验。

海德格尔的哲学思想突破了哲学的纯粹逻辑，回到了前逻辑的存在的真理。"他要从无时间的逻辑意义转向具体的历史意义。他要从不变的、同质的存在意义的王国转向多变的、异质的、历史的个人经历，即他后来所谓的'事实性'。"[1] 在海德格尔看来，由于时间与意义和价值相关，因此与影响生命的各种事件相关。我们首先要活着，才有事情的发生。只有生活在有效的东西中我们才能认识存在的东西。这也就是说，生活是一切认识的基础，认识论归根结底也是一个存在论问题。

伽达默尔在《真理与方法》一书的导言中明确指出，要在现代科学内部抵制科学方法的普遍性要求，并要探寻超出科学方法论控制范围的对真理的经验。哲学的经验、艺术的经验和历史本身的经验都不在科学方法论可以证实的范围内，但是它们也是真理借以显示自身的经验方式。为此，伽达默尔提出了"诠释学经验"的重要概念。他指出，经验概念是最难理解的概念之一，因为"它被隶属于认识论的解释图式"[2]，经验之有效性在于它的可重复性和可证实性。经验在自然科学中的主导作用意味着经验无历史性。伽达默尔认为："经验永远与知识、与那种由理论的或技艺的一般知识而来的教导处于绝对的对立之中，经验的真理经常包含与新经验的关联。因此，我们称为有经验的人不仅通过经验而成为那样一种人，而且对于新的经验也取开放的态度。"[3] 伽达默尔强调通过经验本身而促成的对经验的开放性尤为重要，而不是某种封闭的知识更为重要。

"真正的经验就是这样一种使人类认识到自身有限性的经验。在经验中，

---

[1] 张汝伦. 二十世纪德国哲学 [M]. 北京：人民出版社，2008：281.
[2] 汉斯-格奥尔格·伽达默尔. 诠释学Ⅰ：真理与方法 [M]. 洪汉鼎，译. 北京：商务印书馆，2010：489-490.
[3] 汉斯-格奥尔格·伽达默尔. 诠释学Ⅰ：真理与方法 [M]. 洪汉鼎，译. 北京：商务印书馆，2010：502.

人类的筹划理性的能力和自我认识找到了它们的界限。"① 经验的历史性让我们意识到，没有任何东西可以重新出现，对存在的东西的承认意味着对这样一种界限的洞见，而不是对存在的东西的认识。真正的经验就是对我们自身历史性的经验，这也是对自身的"有限性"的领会。伽达默尔的"诠释学经验"概念凸显了理解的效果历史意识。任何事物的存在都必然在一种特定的效果历史之中，因此对任何事物的理解，都必须具有效果历史意识。

把隐喻看成存在经验和真理经验，就是要摆脱隐喻仅仅作为表达的工具或方式的观点。这要求我们悬置对语言的一切成见，即语言不是系统中的符号，隐喻也不是什么名称转移。隐喻是我们在与世界打交道中的存在经验和真理经验。

无论是在海德格尔的著作中还是在他的哲学思想中，诗和语言都具有重要地位。但海德格尔对隐喻的批评却可能出乎我们的意料。海德格尔在《理由律》(*Der Satz vom Grund*②) 一书中有这样一段话："转移的概念和隐喻的概念都基于区分，即便不是完全的区分，也意味着将可感的和不可感的事物区分为两个各自独立存在的领域。在可感的和不可感的事物之间、物质的和非物质的事物之间进行区分是所谓'形而上学'的根本特征，也是惯常用来决定西方思维的特征。当人们洞察到在可感的和不可感的事物之间的区分并不充足之时，形而上学就失去了它惯常思维模式的地位。当人们洞察到形而上学的局限性时，作为规范概念的隐喻就成了站不住脚的，也就是说隐喻是我们语言本质概念的标准……隐喻仅仅存在于形而上学中。"③ 实际上，这段话蕴含了海德格尔对形而上学的批评。无论以怎样的形式出现，柏拉图对可感世界和可知世界的区分构成了西方形而上学二元对立思想的主要特征。上面的引用不仅是海德格尔对西方形而上学的批评，同时也是海德格尔对语言的论述。

对于海德格尔来说，"隐喻"从根本上涉及一种特殊的转移，即从可感事物向可知事物的转移，而在可感事物和可知事物之间的区分构成了隐喻的形而上学的预设。海德格尔对隐喻的分析并不适用于一般隐喻，他的"隐喻仅仅存在于形而上学中"的论断，就内容而言只涉及哲学隐喻。例如在柏拉图的

---

① 汉斯-格奥尔格·伽达默尔. 诠释学 I：真理与方法 [M]. 洪汉鼎，译. 北京：商务印书馆，2010：505.

② 在《活的隐喻》中，汪堂家将 Der Satz vom Grund 翻译成《理由律》。本书对引文的翻译参照了英译本 the Principle of Reason。

③ MARTIN HEIDEGGER. The Principle of Reason [M]. trans. REGINALD LILLY. Bloomington：Indiana University Press，1991：48.

洞喻中，用属于可感领域的太阳来指代属于可知领域的善的理念。由此我们推断，按照海德格尔的理解，哲学隐喻源自可知事物和可感事物之间的形而上学区分，所以隐喻是形而上学语言概念的范式。形而上学者通过将可感领域语词的偏离使用来达到进入可知领域的目的，因此，在形而上学框架中，哲学和哲学语言只有通过隐喻才成为可能。

但海德格尔并不赞成这样的观点①，因为转移预设了区分。隐喻呈现的是两个不同领域事物的相似性，但是由于两个领域的区分是在先的，这就意味着，两个领域有着各自不同的本质，那么隐喻所能展现的相似性也不过是属性上的共同点。隐喻仅仅能通过使用可感的形象来帮助我们了解可知领域，却永远不能如其所是地言说或展现可知领域。也就是说，隐喻通过增加东西来取代可知领域。因为没有言说可知领域的本质，隐喻表达错失了正确的语词。例如：在可感事物（如洞喻中的太阳）和可知事物（理念）之间的形而上学区分就暗示，在言说事物本质的正确表达和不能对事物进行如其所是的言说的隐喻性表达之间存在区分。很显然，海德格尔不可能从这样一个视角出发去理解语言或诗歌。因为对于海德格尔来说，作为言说的诗歌语言就是如其所是地展现事物，而不是以偏离的、扭曲的或替代的方式。由此我们可以看出，海德格尔对隐喻的批评实际上是对形而上学的批评，同时也可以看成对隐喻是名称转移或偏离现象的观点的批评。隐喻不是语言的特殊形式，它不过是在言说和展现"思"之经验。

正如利科指出的那样，海德格尔对隐喻的不断使用最终比他对隐喻的附带批评更为重要。海德格尔在《理由律》中还说："思想就是通过观看来把握被听到的东西……思想就是通过倾听来把握，而通过倾听来把握也是通过观看来把握。"② 我们会毫不犹豫地说海德格尔在这里使用了隐喻来表达什么是思想。但是海德格尔否认在这里使用了隐喻，因为这里并不存在从可感事物向可知事物的转移。这里的表达揭蔽了思想的本质而不是发现思想和一些感觉行动之间的相似之处。在海德格尔看来，本质与属性之间的不同表明，如果我们只是简单地把注意力从转移转向相似性的话，我们将无法克服存在问题与其揭蔽性之间的关系问题。海德格尔也曾批评伯恩将荷尔德林的"语词像花朵"视为隐

---

① 当海德格尔说隐喻仅仅存在于形而上学中时，他是按照我们通常的"隐喻是名称转移"的定义来理解隐喻的。然而对于海德格尔来说，许多我们认定为隐喻的表达并不是隐喻。比如："语言是存在之家"。海德格尔在隐喻问题上的矛盾在于，我们与他对隐喻的定义是完全不同的。

② MARTIN HEIDEGGER. The Principle of Reason [M]. trans. REGINALD LILLY. Bloomington: Indiana University Press, 1991: 123.

喻。在海德格尔看来，将诗歌语言看成隐喻无异于把诗歌语言看成一堆"干枯植物"中的一片"标本"。隐喻是僵死的标本，而真正的诗歌是"唤起最广阔的视野"，"使言语从其起源处攀升"，"使世界显现出来"①。从这里我们容易体会海德格尔反对将诗歌语言称为隐喻的原因，即当我们确认隐喻时，我们就陷入了柏拉图对可感世界和可知世界做了区分的窠臼，而那个可知世界也随之变成了一个不能如其所是地去把握的世界。海德格尔心中的诗歌语言正是利科所说的生动的隐喻所能做到的事情。

海德格尔也不认同将其思想中的一个重要隐喻"语言是存在之家"（Language is the house of being）看成隐喻。他认为，这个表达并不是将"房屋"（house）的形象转移给存在，而是存在的本质将会给思想提供关于房屋和"居住"先于它们一般意义的意义。这样，那个不熟悉的意义首先呈现，即存在的本质。海德格尔希望将"居住"的一般意义抛开从而开启居住的另外一种意义的可能性。对隐喻的拒斥反映了海德格尔在《存在与时间》里一再表示的对日常熟悉的概念和意义的不信任，因为把语言理解为具有隐喻性将会阻碍把语言理解为言说和展示。至此我们可以这样理解海德格尔对隐喻的看法：惯常对语言隐喻性的理解不过是对熟悉概念和意义的依赖，而不是对被语言揭蔽的思想的倾听。需要倾听的是隐喻对存在的展现，而不是对相似性的把握。

如果说海德格尔对隐喻的态度是晦暗不明的，那么伽达默尔对隐喻的态度就是清晰明了的。虽然伽达默尔并没有非常详细地论述对隐喻的看法，但在《真理与方法》的最后一节中，他明确地指出，"能被理解的存在就是语言"②。在前面我们已经提到，伽达默尔认为隐喻性是语言最根本的本质。这两个论断至少有这样一种暗示："语言是理解一切事物的前提条件，而理解的发生只能通过语言的媒介。如果隐喻性是语言最根本的特征，那么隐喻性必然反映在理解之中。"③

前面我们具体分析了海德格尔对存在问题的澄清，存在不是存在者的存在。实证科学追寻的不过是存在者的存在，而非真正的存在。海德格尔认为存在问题问的是存在的意义。而存在的意义不是自为的，"对存在的领会本身就是此在的存在的规定。此在在存在者层次上的与众不同之处在于：它在存在论

---

① 保罗·利科. 活的隐喻［M］. 汪堂家，译. 上海：上海译文出版社，2004：336.
② 汉斯-格奥尔格·伽达默尔. 诠释学I：真理与方法［M］. 洪汉鼎，译. 北京：商务印书馆，2010：667.
③ 约埃尔·魏因斯海默. 哲学诠释学与文学理论［M］. 郑鹏，译. 北京：中国人民大学出版社，1991：65.

层次上存在"①。此在不同于其他的存在者就在于它是存在论地存在着，即它能够理解存在，它存在于存在的关系中。此在虽然也是存在者，却必须从存在论层面去理解它的存在。存在与此在密切相关，要想追问存在就必须从此在着手。此在不是一个对存在进行表象抽象的存在者的例子，而是存在理解的地方。不能把"对存在的理解"误认为是此在对自己的存在的理解，这种理解"也包括对非此在的存在者之存在的理解和对整体的存在的理解"②。因此，虽然此在是存在理解的地方，但此在并不是单纯的个人化的对存在的理解，因为在世存在本身就包括了生存与整体存在的关系。

让我们再反思"语言是存在之家"。海德格尔反对把这句话看成隐喻的一个重要原因是，如果我们把语言真的理解为"存在的居所"，我们就没有完全理解他的意思。如果"存在有一个居所"的话，是否意味着存在是稳定的存在，而语言既然是存在稳定的"居所"，那我们岂不是完全可以在语言之中找寻存在？但我们真的能够在语言中找到存在吗？这当然是不可能的。当海德格尔让我们按照这句话揭示的意义去理解它时，我们获得了更多的解放。"语言是存在之家"更多的是在揭示语言与存在的关系，我们必须用语言表达存在，没有语言的中介，存在便无落脚之处。那么作为存在落脚之处的语言也不是一个固定的语词系统，安坐在某处等待存在的到来。在语词系统中的语言如果不被使用便没有任何意义。存在之所以能够落脚在语言之处，必定是在语言的理解之中，只有理解发生了，存在才能真正以语言为家，并在理解中展现。

海德格尔对隐喻的拒斥并不是对隐喻使用的否定，而是对隐喻理解方向的重置。如果说海德格尔的"语言是存在之家"使存在与语言之间的关系得到揭示的话，那么伽达默尔的"能够理解的存在就是语言"则进一步揭示了存在与理解之间的关系。伽达默尔认为语言不是事物的符号，语言乃是原型的摹本，语言从根本上就是隐喻的。我们对语词具有本义的固守不过是科学方法论带给我们的假象，语词的意义总是在不断扬弃自身物的存在的过程中成为它的意义，并在此过程中揭示存在展现真理。

存在不是自为的存在，存在只有在此在的存在理解中方能得到实现。而对存在的理解乃是一切经验的结果。这种经验不是从理论知识的教导而来，而是与新经验相关联。此在新的境域带来新的经验，新的经验开启理解视域的无限性。隐喻是此在在与世界打交道中的存在经验和真理经验。

---

① 马丁·海德格尔.存在与时间[M].陈嘉映，王庆节，译.北京：生活·读书·新知三联书店，2011：14.
② 张汝伦.《存在与时间》释义：第一卷[M].上海：上海人民出版社，2012：39.

第二节　隐喻作为存在之真理显现的结构阐释

这一部分将从三个方面详细讨论隐喻如何展现存在揭蔽真理,即隐喻的对话性、揭蔽性和事件性。首先是隐喻的对话性。隐喻作为存在理解不是某人对某事物的有感而发,也不是对客观事物的陈述,而是在对话语境中的存在理解。其次是隐喻的揭蔽性。隐喻是此在对存在的筹划中的理解,无蔽在"是"与"不是"的思考中呈现,真理随之发生。最后是隐喻的事件性。隐喻作为话语与事件不可分割,它通过事件来实现人在共同性基础上对"新"世界的开启。

一、作为存在理解的对话性隐喻

在伽达默尔看来,任何理解,不论是自我理解,还是人与人之间的相互理解,都是一场对话。所有的理解都具有对话性,因此对话性是隐喻产生和理解的前提。伽达默尔所说的诠释学的对话性并不意味着一定要有面对面的谈话才产生理解。伽达默尔认为在很多情况下我们"陷入"一场对话,陷入一种理解之中,对文本的理解也是一种对话。他指出:"把诠释学任务描述为与文本进行的一种谈话,这不只是一种比喻的说法,而是对原始东西的一种回忆。进行这种谈话的解释是通过语言而实现的,这一点并不意味着置身于陌生的手段中,而是相反地意味着重新产生原本的意义交往。因此,用文字形式传承下来的东西从它所处的异化中被带出来而回到了富有生气的正在进行谈话的当代,而谈话的原始程序经常就是问和答。"[1] 对隐喻对话性的理解需要有两个层面,即话语层面和文本层面。话语层面是指隐喻的产生和理解可能是处在人与人的对话之中。文本层面是指,要理解的隐喻是在一个文本框架下的隐喻,由于这里并没有交谈的双方,因此这里的对话是在解释者和文本之间展开的。传统上对隐喻的分析大都是将隐喻从对话或文本中抽取出来,使丧失对话性前提的隐喻变成无根的判断,虽然有时可以被理解,却使隐喻的开放性、流动性无法发挥作用,最终导致新意义僵化。由于隐喻对语境的依赖性较强,离开具体的对话环境的隐喻必然表现出僵死的状态。

---

[1] 汉斯-格奥尔格·伽达默尔. 诠释学Ⅰ:真理与方法 [M]. 洪汉鼎,译. 北京:商务印书馆,2010:520.

隐喻具有谈话的源始性和问答的结构。隐喻的述谓结构用"是"表达了一个与表面事实并不相符的判断，但这个判断在对话中却具有合理性，因为这一判断有某个问题作为前提。问题是谈话双方进行对话的主要目的。伽达默尔在分析诠释学对象本身的问和答逻辑时指出，"提问总是显示出处于悬而未决之中的可能性"①。我们不会就已经有答案的问题进行提问，那样的提问是无意义的提问，而真正的对话一定是在有问题的前提下进行的。在对问题的讨论中，隐喻虽然可以作为回答式的对问题的回应，但隐喻更是提供了一种进行解释的机会，即提供了进一步思考和解释的动力。如果是在文本层次去理解隐喻，对话就在解释者和文本之间展开。利科指出，一方面，"对隐喻的理解是对更长文本进行理解的关键所在"；另一方面，"对更长文本的理解是对隐喻理解的关键所在"②。对文本的理解就是一场解释者试图与文本达成共识的对话，并通过这场对话达成自我理解。

隐喻的对话性突出体现了主体间性，我思中不仅发现自己还有他人，了解自我需要与他人接触。隐喻不是人的突发奇想而是在关于问题的对话中，在参与对话的人之间相互理解和相互作用的过程中才得以产生的。这里需要指出的是，隐喻的产生或理解并不是某个人完全自我的思考，因为在对话中他人的有意义的东西总是会进入"我"自己的意见中。伽达默尔认为谈话中的相互理解是"一种使我们进入那种使我们自身也有所改变的公共性中的转换"③。

隐喻作为存在理解与此在的存在经验相关。经验的要素中"你"的经验是一种特殊的经验。伽达默尔在分析诠释学经验与传承物的关系时指出，"传承物是一个真正的交往伙伴，我们与它的伙伴关系，正如'我'和'你'的伙伴关系"④。然而我们与历史传承物的"我—你"关系不是一种直接关系，而是一种相互关系，并有助于构造"我—你"关系本身的实在性。"一个人要求从自身出发去认识另一个人的要求，甚至要求比另一个人对自身的理解还要好地去理解这另一个人。这样，这个'你'就丧失了他对我们提出要求的直

---

① 汉斯-格奥尔格·伽达默尔. 诠释学 I：真理与方法 [M]. 洪汉鼎，译. 北京：商务印书馆，2010：529.
② PAUL RICOEUR. Metaphor and the Main Problems of Hermeneutics [J]. New Literary History，1974（6）：95-110.
③ 汉斯-格奥尔格·伽达默尔. 诠释学 I：真理与方法 [M]. 洪汉鼎，译. 北京：商务印书馆，2010：535.
④ 汉斯-格奥尔格·伽达默尔. 诠释学 I：真理与方法 [M]. 洪汉鼎，译. 北京：商务印书馆，2010：506.

接性。"① 在"我—你"关系中,伽达默尔谈到了我们与传统的关系:"谁在与传统的生命关系之外来反思自己,谁就破坏了这种传统的真实意义。"② 意识到我们在传统之中,并不限制认识的自由,而是使这种自由成为可能。这便是伽达默尔所说的效果历史意识具有对传统的开放性。效果历史意识认为,重要的是把"你"作为"你"来经验,并听取它对我们所说的东西。

隐喻不是一种修辞上的美饰或名称的转移,它是真正具有对话性的对存在的理解。隐喻的对话性并不仅仅就是指对话的上下文语境,它包含整个生命语境。整个生命语境使隐喻被置于具有历史性的、已经经过理解的世界之中。隐喻中涉及的事物都来源于对话参与人共同拥有的客观化精神影响的世界,并凝结了人的历史处境和传统观念的生命客观化的产物。在这样的语境下,在对话的交谈中,在问题的指引下,隐喻是"此在"的存在理解。隐喻中实现的是对事情本身的意指,而不是对客观事实的简单陈述。

隐喻的对话性是隐喻产生和理解的基础,也是隐喻意义得以实现的根本。传统修辞学将隐喻看成修辞并加以分类的做法,让隐喻脱离语境变成了僵死的隐喻,从而使其失去了原初的启发性动力。隐喻在诗学中体现的"模仿"特征又被确定性真理观视为与事实不相符的判断。对隐喻的偏见都建立于对僵死的隐喻的分析,从根本上忽略了隐喻的对话性特征,从而也就忽略了隐喻的生命力得以表现的境域。隐喻是此在的存在理解而不是对客观存在者的陈述。

二、作为无蔽之真理显现的揭蔽性隐喻

在第二章第二节中,我们详细地讨论了海德格尔对真理概念的澄清。西方哲学两千多年来始终追求的真理目标,无论是符合论、融通论还是实用论,所关心的都是真理的标准问题,而海德格尔关心的却是真理的本质(或意义)。海德格尔看到了我们所谓的对真理符合的讨论都是"无根的、表面性的",我们并没有获得清楚明白的东西。"真理作为符合是模棱两可的,本身是不充分的界定,而且没有规定其来源——所以是被误解了的,自明性是一个假象。"③海德格尔已经看到了西方哲学追求绝对真理和绝对知识的困境,其产生的原因

---

① 汉斯-格奥尔格·伽达默尔. 诠释学Ⅰ:真理与方法 [M]. 洪汉鼎,译. 北京:商务印书馆,2010:508.
② 汉斯-格奥尔格·伽达默尔. 诠释学Ⅰ:真理与方法 [M]. 洪汉鼎,译. 北京:商务印书馆,2010:509-510.
③ 马丁·海德格尔. 论真理的本质:柏拉图的洞喻和《泰阿泰德》讲疏 [M]. 赵卫国,译. 北京:华夏出版社,2008:4.

是把事物看成了现成存在的静止对象，只要客观地把握这静止的对象就能得到真理。海德格尔对西方哲学的解构是从重新追问存在的意义开始的。他强调在一切存在方式中，人的存在方式具有最重要的地位，需要根据生命的事实性来理解和追问存在的意义，而真理问题是必须与存在同时进行追问的。

海德格尔把真理看成揭示状态和进行揭示的存在，并不仅仅是对希腊文"真理"（αληθεια，无蔽）的词源考察。这一关于真理的含义与传统的真理之本质的界定毫无关系，因为无蔽的真理完全不同于作为正确性的真理。为了能够真正使自己的真理概念区别于传统的流俗的真理概念，海德格尔对真理的诠释是以一种现象学所特有的描述方法而非逻辑论证方法来进行的。为此，海德格尔返回到古希腊，对柏拉图的洞喻进行诠释。在对洞喻的重新诠释中，海德格尔澄清了真理不是静止的状态、不是信念，而是事物创造性凸显的事件。海德格尔的真理是存在论意义上的真理，因此它与人的此在密切相关。下面让我们在海德格尔对洞喻的分析中去领会隐喻如何在展现存在中揭蔽真理。

在柏拉图洞喻中，居住于洞穴的囚徒是在生活世界之中不断从自己的境域出发来理解存在的。海德格尔把真理在洞穴中的发生分成四个阶段。在第一个阶段，对于囚徒们来说，无蔽的东西是对他们显现着的阴影，但他们并不像我们一样知道阴影是他们身后的火所投射出来的东西，他们只看到了对他们显现的阴影。对于囚徒来说，阴影就是它本身，囚徒根本不会像我们一样问阴影是如何产生的。因此，这阴影对于囚徒来说是"无遮蔽"的东西，其本身就是存在者。第一阶段所描述的场景暗示了这样一个事实，即人在日常境况下，其行为所朝向的某物之无蔽，属于人的此在。"无蔽"不是任意的无蔽，而是人在每一个境况下与之相关的无蔽。作为人，存在就是在真理（或不真）之中。在第二个阶段，有些事情发生了。当枷锁被解除，伴随着这一事件虽然会发生许多事情，但是有一件事触及了人的本质。囚徒掉过头来看见了火，由于视野的变化，使他看见了更加无蔽的东西。在第一个阶段，无蔽与枷锁、光与存在相关，而在第二个阶段，无蔽开始变化，囚徒看到了被缚与光、光与无蔽之间的关系。我们可以谈论无蔽在程度上的强弱、深浅，但已不再是指阴影，而是指什么别的无蔽的东西。无蔽本身的增加是人接近存在者的结果，这种接近依赖人的存在方式。也就是说，真理并不是固定不变的、普遍的东西[①]。

在这里，海德格尔提到了正确性和无蔽的关系问题。朝向事物更多层面的

[①] MARTIN HEIDEGGER. Being and Truth [M]. trans. GREGORY FRIED, RICHARD POLT. Bloomington：Indiana University Press，2010：108-109.

人看到的更正确，这样正确性就与无蔽联系在一起。如果没有作为无蔽的真理也就没有作为正确性的真理。仅仅摆脱枷锁并不一定意味着有所改变，囚徒需要转过头去。被解除枷锁只是外部的解放，这并不改变囚徒的内在意志，他也可能固守对他来说已经习以为常的状态。"不是说任何人都毫无疑问地具有同样的权利和同样的能力去拥有任何真理，每一种真理都拥有自己的时间（Zeit）。"① 当摆脱枷锁的人在第三阶段从洞穴中的火光转向太阳，他才获得了真正的解放。至此我们已经看到了这种解放不是摆脱枷锁，而是从洞穴中的人造火光转向了太阳，从洞穴向日光的攀升，这才是真正的解放。而这种解放不仅依赖暴力活动，同时要求一种持久的勇气来跨越已经习惯的状态。

柏拉图自己给出了整个洞喻的含义：洞穴表示天穹下我们的大地，洞穴中的火指太阳，火光指阳光，阴影是存在者，是事物。诚然，柏拉图企图通过洞喻来展现最高理念，即所谓的真理。但海德格尔从洞喻中发现，看是一种"用"眼睛的观察活动，对理念的看，就是对"是什么"和"如何是"的领会，也就是对存在的领会。海德格尔认为，理念"既不是某种客观的现成事物，也不是某种主观创造出来的东西。而两者——被看到的东西本身和看的活动，共同属于存在者之无蔽的形成，即真理的发生"②。这里被强调的是，真理的发生是由两个不可或缺的部分——被看到的东西本身（存在）和看的活动（此在的活动）组成的。二者缺一不可，并且同时发生。真理的发生绝不是如传统意义上所说，是那个已经先于人而存在的存在，只是等待我们去发现而已。真理的发生就是无蔽的形成，无蔽的发生就是遮蔽被消除，而遮蔽的消除也意味着揭—蔽（ent-bergen）。可揭蔽性是人生存的基本事件，无蔽的本性就是可揭蔽性。可揭蔽性是抉择性的东西。在洞喻中，人作为在存在者之中而生存着的存在者，来到其自己本身。"真理之本质首先使我们把握人之本质。……这种真理之本质（可揭蔽性）正是与人一道发生的事件……人……处于真理之中。这是他生存的方式。此在的基本事件，原始的无蔽就是筹划着的、作为在'人中'即在其历史中所发生的揭—蔽事件。"③

那么，人又是如何进行揭蔽的呢？既然真理的发生意味着无蔽的"呈

---

① 马丁·海德格尔. 论真理的本质：柏拉图的洞喻和《泰阿泰德》讲疏 [M]. 赵卫国, 译. 北京：华夏出版社，2008：28-32.
② 马丁·海德格尔. 论真理的本质：柏拉图的洞喻和《泰阿泰德》讲疏 [M]. 赵卫国, 译. 北京：华夏出版社，2008：64-71.
③ 马丁·海德格尔. 论真理的本质：柏拉图的洞喻和《泰阿泰德》讲疏 [M]. 赵卫国, 译. 北京：华夏出版社，2008：73.

现",我们必然要克服遮蔽从而领会无蔽的"呈现"。这种"呈现"并不像客观存在者一样如其所是地出现在我们眼前,可以被我们的视觉感知,因为被揭蔽的东西是存在本身,我们只有在一种更高层次的看或觉察中领会,而这种看或觉察恰恰让我们能够把握揭示状态的存在。这难道不是隐喻企图做到的事情吗?

  隐喻给我们提供了这种更高层次的看的机会,我们看到了熟悉的东西并把握了从未领会的东西。柏拉图的洞喻给我们呈现了一个我们既熟悉又陌生的人类生活的现实。说它熟悉,是因为洞穴里居住着一群如我们一样的人;说它不同,是因为他们是被缚住的,而我们是自由的;他们居住于洞穴中,而我们居住于太阳下;他们只有挣脱枷锁才能看见火光形成的阴影,而我们没有枷锁的束缚;挣脱枷锁的人只有从洞穴中走出,才能看见阳光并获得真正的解放。在这里,我们也许会思考我们的解放应该如何获得,而这一疑惑就启发我们思考我们是自由的还是被缚的,是在太阳下还是在洞穴中,是已经获得了解放还是在被囚禁中。洞喻让我们在"是"与"不是"中思考和领会,我们似乎表面上"不是"这样,但是我们又何尝不是如洞穴中的囚徒一样,在被缚中而浑然不觉呢?存在在此在的这种领会(或理解)中展现,因此我们说隐喻的揭蔽性使无蔽呈现于眼前,真理随之发生。

  隐喻的揭蔽性不仅仅体现在此在对存在的筹划中的理解,更在于对这种理解的发展,即解释(Auslegung)[①]。海德格尔认为:"作为领会的此在向着可能性筹划它的存在……领会在解释中有所领会地占有它所领会的东西。领会在解释中并不成为别的东西,而是成为它自身。在生存论上,解释植根于领会,而不是领会生自解释。"[②] 在古典释义学中,理解和解释界限分明,不是同一回事,虽然两者都是为了认识对象。但是在海德格尔看来,解释就是理解本身。他将我们日常对世界的理解称为非本已的理解,因为这种理解不是为了理解存在本身。海德格尔就是从这种非本已的理解来追索在理解世界时的解释现象的。他所谓的解释是在此在对世界的理解中去追索,那么被解释的东西就已经以上手事物的样式被给予我们的世界。对海德格尔来说,我们在日常生活实践中的世界统观的基础上,理解上手之物以及与它们相关的各种事情。海德格尔

  [①] Auslegung 一词在德语中意为"解开从而释放"。《存在与时间》的译者陈嘉映、王庆节将其翻译成"解释",而将 interpretieren 译为"阐释"(多指具有体系性和专题性的解释)。张汝伦在对《存在与时间》的释义中将 Auslegung 翻译成"阐释"。

  [②] 马丁·海德格尔. 存在与时间 [M]. 陈嘉映,王庆节,译. 北京:生活·读书·新知三联书店,2011:174.

所谓的"上手事物"是以我们的日常实践为基础，由它的实践用途来决定的。比如说：杯子是用来喝水的，椅子是用来坐的，等等。对海德格尔来说，"解释"不是一个主体的理性活动，而是此在的生存活动。此在的生存活动总是具有解释的特征。这表现在被理解的东西总是以"某事物作为（als）某事物"的结构被解释，"作为"也就构成了解释。

隐喻的"是"不正是这个"作为"意欲展现的吗？"上手事物的一切先于命题的、单纯的看，其本身就已经是有所领会、有所解释的。然而，不正是这个'作为'的缺乏造就了某某东西的纯知觉的素朴性吗？"① 隐喻的揭蔽性正是由述谓关系带来的对"作为"这种明确性的展现。"作为"并不带来相等关系，而是带来解释关系。隐喻的"是"不是数学逻辑关系中的完全相等关系，它是此在通过上手事物把握和理解存在本身，这种把握本身就具有"解释"的结构。解释的结构本身就意味着具有历史性和时间性，而非恒久不变。

我们说隐喻既是理解又是解释，在于强调隐喻作为此在的存在理解方式，存在在隐喻中展现，从而进入揭蔽状态（真理发生）。从生存论的视角看，人的基本存在方式就是理解，而理解随时间和境域的变化而变化，因此，人是理解地存在着的。隐喻是此在对存在本身的理解和解释，它的揭蔽性突出地反映了人是解释的动物。人，这个身处存在者之中的特殊的存在者总是要对存在本身进行理解和解释，因为这是他存在的基本方式。

三、作为真理发生的事件性隐喻

在上一小节中我们提到了真理的可揭蔽性是与人一道发生的事件，这似乎与我们惯常对真理的理解相悖。符合论、融贯论和实用论对真理的理解都是在认识论层面上的探讨，而海德格尔的真理观却是在生存论—存在论意义上对真理意义的探究。传统的真理就是知和物之间的符合关系，因此真理成了命题或判断。但海德格尔认为，真理是揭示状态，是揭示活动，而这种揭示活动与人密切相关。海德格尔的真理观彻底颠覆了传统意义上对真理的理解。生存论视域下的真理绝不是等待人去发现的关于客观事物的本质，而是人的揭示活动，而揭示活动需要通过语言来实现。

20世纪之前，语言通常被看成用来表达思维的工具，这一观点看起来是如此的不言自明。洛克在《人类理解论》中就指出，思想是在人胸中隐藏不

---

① 马丁·海德格尔. 存在与时间 [M]. 陈嘉映，王庆节，译. 北京：生活·读书·新知三联书店，2011：174.

露的，如果不能找寻一些外界的明显标记，就不能让自己的思想表达出来。"说话的目的就在于使那些声音当做标记，把自己的观念表示于人。"① 洛克的意思无非是在说，人先占有理性的观念，然后试图通过语言把它们表达出来。洪堡特坚决地批判了这种对语言的看法，他认为"语言乃是一种独立的存在，人既创造出语言，又为语言所引导"②。在时间上，语言是先于理性而存在的。每一种语言都带有自己的印记，反映一个民族的特点。所有语言都反映人类的语言能力，而人类的精神则依赖于语言能力。洪堡特对语言本质的深刻见解如此具有前瞻性，乃至于在20世纪依然具有极其重要的意义。

伽达默尔通过对话语的一系列分析后指出："以话语的多样性解释自身的话语的统一性，这使某些在逻辑学的本质结构中并未展开的东西展现出来，并使语言的事件性质，亦即概念的构成过程产生作用。"③ 他在这一论证中着重论述了基督教道成肉身思想。圣灵的现实性是在道成肉身（语词变成了肉）过程中才得以实现的，而不变的逻各斯也从此从宇宙潜能的精神性中被解放出来。道成肉身这一拯救事件把语言现象从意义理念性的束缚中解脱出来，同时给哲学提供了反思的机会，因为道成肉身意味着"话语是纯粹的事件"（话语真正说来是为了人说话而创造的）④。

伽达默尔认为道成肉身的思想已经超出了古希腊形而上学思想对语言本质的哲学反思。基督教的语词学说是通过基督降临、道成肉身这一历史事实而区别于古希腊的逻各斯。圣子的创生这种道成肉身行为是通过语词来进行的，而上帝用发出的话语创造一切，因此语词从一开始就与上帝同在。为了解释语词与上帝同在的事实，经院哲学使用了斯多葛学派提出的内在逻各斯和外在逻各斯⑤的对立概念。奥古斯丁在柏拉图的理念论的基础上认为，内心中的话语（das verbum cordis）才是真正的话语，因为它完全独立于感性现象，而真正的话语是不可以外在地表现出来的，这样才使"三位一体"的秘密得以在语言的奇迹中被解释。"真实的话语，即说出事物本身是怎样的话语，并没有自为

---

① 约翰·洛克. 人类理解论 [M]. 关文运，译. 北京：商务印书馆，1983：386.
② 威廉·冯·洪堡特. 洪堡特语言哲学文集 [M]. 姚小平，译. 北京：商务印书馆，2011：4-5.
③ 汉斯-格奥尔格·伽达默尔. 诠释学 I：真理与方法 [M]. 洪汉鼎，译. 北京：商务印书馆，2010：602.
④ 汉斯-格奥尔格·伽达默尔. 诠释学 I：真理与方法 [M]. 洪汉鼎，译. 北京：商务印书馆，2010：589-590.
⑤ 斯多葛学派将逻各斯分为内在逻各斯和外在逻各斯。内在逻各斯指理性和本质，外在逻各斯指传达理性和本质的语言。

的成分而且并不想成为自为的存在。话语在它的显示中有其存在。"① 奥古斯丁通过将精神的内在话语置于口说的话语之上来维护"三位一体"的神性关系,却没能正确对待话语的事实性和事件性特征。阿奎那也同样讨论了内在话语的问题。伽达默尔在评价阿奎那用新柏拉图主义的流射(emanation)概念时指出,"流射是最早出现的源泉(Quelle)的图像。在流射过程中,流射出其他东西的太一本身并未因此而消耗掉自身的任何东西,而是把某些东西补充到自身中来"②。正如圣子既与圣父是同一的但又不同于圣父,语语(和语词)既与它所启示的东西是同一的,又与这种东西有差别。语词不是先在的,也不是后来的。

"思维的过程及其产生并非一种改变的过程,也不是从潜能向现实的转化,而是一种从现实到现实的产生:话语并非在认识完成之后产生……相反,话语就是认识过程本身。"③ 话语的不同之处就在于它停留在精神性之内,但这并不是说,说话就是一种反思,话语所表达的根本不是精神而是所意指的事物。话语是认识得以完成的场所,亦即使事物得以完全思考的场所。神性话语确实是一种唯一的话语,但它同时也是一种事件。话语的意义同宣告事件不可分离。由此我们可以看出,话语是具有事件性特征的。

海德格尔曾说:"语言不是任凭人操纵的工具,而是措置了人的存在的最大可能性的事件。"④ 在分析德国新约研究学者 Ernst Fuchs 对《圣经》寓言(parable⑤)进行诠释的方式时,西斯顿(Thiselton)指出,Fuchs 接受了 R. W. Funks 寓言即是隐喻的观点,其主要特点是作为语言事件(language-event)⑥。语言事件收集了言语的主体材料,使之成为统一的现实,并以此来面对听话者。寓言中蕴含的隐喻结构,更容易让我们理解隐喻的事件性。Fuchs

---

① 汉斯-格奥尔格·伽达默尔. 诠释学Ⅰ:真理与方法 [M]. 洪汉鼎, 译. 北京:商务印书馆, 2010:592.

② 汉斯-格奥尔格·伽达默尔. 诠释学Ⅰ:真理与方法 [M]. 洪汉鼎, 译. 北京:商务印书馆, 2010:596.

③ 汉斯-格奥尔格·伽达默尔. 诠释学Ⅰ:真理与方法 [M]. 洪汉鼎, 译. 北京:商务印书馆, 2010:596.

④ MARTIN HEIDEGGER. Hölderlin and the Essence of Poetry [M] //ed. W BROCK. Existence and Being. London:Vision Press, 1968:300.

⑤ 这里把 parable 也翻译成寓言,但 parable 不同于 fable 之处在于,parable 特指耶稣所说的训导性的寓言。

⑥ ANTHONY C THISELTON. The Parables as Language—Event:Some Comments on Fuchs's Hermeneutics in the Light of Linguistic Philosophy [J]. Scottish Journal of Theology, 1970, 437 (23):440.

与海德格尔和伽达默尔都坚持认为"语言事件"不同于仅仅被用来表达作为信息的新概念或观念的语言。Fuchs通过对《圣经》寓言的诠释,阐明了语言的内容何以能够成为事件。他认为耶稣用寓言为受话者创造了一个"世界",而受话者并不是仅仅作为一个观看者来观看这个"世界"的。其实受话者"走进"了这个"世界",并且积极扮演这个"世界"赋予他的一个角色。Fuchs强调寓言的结构具有重要意义。他认为寓言的图像部分,即与实质部分相对的部分,对受话者来说是如此的熟悉,因此极易吸引或诱惑受话者进入寓言的"世界",并通过与他的惯用价值和自我评价标准为自己谋划一个角色。Fuchs指出在被吸引进入这个"世界"后,受话者还是会突然发现自己进入了一个陌生的"世界"。Fuchs对《圣经》寓言事件性的分析向我们展示了作为隐喻的寓言的本质特征,由熟知"世界"走向陌生"世界"这一事件导致了新的"世界"的产生和人的新的"角色"的产生。寓言是语篇层面的隐喻,是复杂的隐喻,它的复杂性使我们不容易辨认出 A 和 B,但它的复杂性背后具有鲜明的隐喻结构。它突出体现了作为事件的隐喻具有能够开启"新世界"的力量,这个"新世界"向我们展开的是对存在的本质领会。

由于隐喻是话语,它不能被看成在符号系统中与其他语词构成关系的符号,它涉及符号系统之外的事物,涉及它要表达或描述的世界。它是此在存在理解的表现,它的表达和理解必然有言说和理解主体,也必然在时间中实现,这也决定了它是作为事件而实现的。这个事件是在短暂时间中的信息交换,是能被开始、延续或中断的对话。以"A 是 B"的基本形式来表示隐喻并不代表隐喻仅仅存在于语句层面,它可以是语篇甚至是文本层面的(在许多情况下,它是以隐喻性形式出现的)。隐喻通过事件来实现人在共同性基础上的一个新世界的构建,这个新世界是具有历史性和社会性的精神世界,是人类的语言性在相互理解中达成的。隐喻试图让参与对话的人通过熟知世界走向陌生的新世界,而这个精神世界是由无数的体验构成的。

在这一章里,我们在生存论—存在论视域下对隐喻与真理的关系进行了探讨。第一部分重点分析了存在、真理和隐喻的生存论结构。海德格尔认为,存在的自明性是一个比较模糊的理解,它直接导致了我们并没有看清存在本身,而是仅仅把存在者的存在当成了存在。在对存在的理解中,此在作为一个与众不同的存在者成为存在问题的出发点。人的基本存在方式是理解,而一切存在只有在人的理解中方能得到理解。存在与此在的关系被澄清后,真理与此在的关系便显而易见了。因为生存论视域下的真理就是存在的真理,就是揭示状态。然后,在讨论隐喻的生存论之维时,重点论证了隐喻是作为视域融合的理解。语言的最根本特征就是隐喻性，这不是违反逻辑的表达，而是人类经验的特殊性导致的，即通过语词被应用于新物而不断改变和扩大概念形成新的概念的过程。作为此在的存在经验和真理经验，隐喻为存在理解奠定了基础。"语言是存在之家"意味着，只有理解发生了，存在才能以语言为家，并在理解中展现。

第二部分详细地论证了隐喻是如何展现存在并作为真理发生的。在这一部分，首先论证了隐喻在把握存在之时的一个根本性的基础是具有对话性的特征。隐喻作为理解的一种方式，必然具有对话性的特征。对话性可以是在对话层面，也可以是在文本层面，可以是人与人之间的对话，也可以是人与文本的对话。对话性是隐喻产生和理解的基础，也是意义得以实现的根本。其次隐喻具有展现存在使无蔽呈现的揭蔽性特征。隐喻的揭蔽性体现在：存在在"此在"的领会（或理解）中展现。这种领会是一种特殊的"看"，它使无蔽呈现于眼前，并伴随着真理发生。隐喻的揭蔽性不仅体现在这种理解（或领会）中，还体现在对隐喻的理解带有解释的特征。最后一节主要论述了隐喻作为真理发生具有事件性的特征。在这一节中，通过基督教道成肉身的现实论证了话语的意义与事件的不可分割性。隐喻作为话语行动具有事件性的特征，隐喻的说出涉及语词之外的事物，甚至是要表达或描述新的世界。

第四章　隐喻的历史地位变迁：
与真理相关联的境遇

第二章和第三章从诠释学视域出发，对隐喻和真理的概念及其关系做了详细的论证。本章将以隐喻和真理的关联作为主线来审视隐喻的历史地位变迁。对隐喻的研究自古希腊的修辞学开始直至当代，从未消失在哲学家的视线中，而他们对隐喻的态度总是褒贬不一。从古希腊到中世纪是隐喻的繁荣年代，但自近代科学兴起以来，隐喻的歧义性使其成为科学方法论和认识论所排斥的语言。然而20世纪的认知科学、分析哲学、科学哲学领域对隐喻的研究，使隐喻成为解开认识之谜的焦点问题。隐喻的"繁荣、萧条、焦点"三个发展阶段并不是繁荣与萧条的简单重复，这一发展历程无不伴随着人类在历史境域变化中对隐喻的认识和自身认识的不断发展。在这一过程中，由于隐喻无处不在但又缺乏确定性，因此对隐喻的看法始终处于矛盾之中。在诠释学的视域下，这一章将对隐喻的历史地位进行定性梳理，从而全面理解人们对隐喻认识的发展过程。

第一节　隐喻事实性的繁荣和被确定性真理限定的地位

一、隐喻事实性的繁荣和对确定性真理的追求

从古希腊到中世纪是隐喻繁荣的阶段，这一繁荣阶段分为三个时期：古希腊、古罗马和中世纪。三个时期是西方历史上隐喻最为繁荣的时期，然而与此同时，由于对确定性真理的追求，隐喻的地位仅在修辞学和诗学范围内并且远离真理。虽然古罗马的西塞罗指出修辞学是最高的美德，但是他也并没有真正建立起隐喻与真理之间的关系。在隐喻鼎盛的中世纪，隐喻也不过是更好地理解《圣经》（上帝的话语）的手段而已。隐喻在这三个时期之所以如此繁荣，除了它是语言发展早期的典型特点外，另一个重要的原因就是现实的需要。在古希腊和古罗马时期，由于城邦政治和共和制的需要，雄辩术在法庭、聚会和公共活动中显示出极大的魅力，甚至成为获得权力的手段。在中世纪，由于宗教信仰的需要，隐喻常常被用来解释《圣经》（上帝的话语）以便使受教育程度不高的民众能够理解上帝的意志。然而需要指出的是，隐喻事实性的繁荣并不意味着隐喻具有真理性地位，它的合法性只在修辞学和诗学范围内。表面上看，从古希腊到中世纪是隐喻繁荣的时期，但自巴门尼德开启的对确定性真理的追求开始，具有歧义性的隐喻与确定性的真理就相距甚远，隐喻绝无"真理性"可言。

无论是早期的希腊自然哲学还是古典时期的希腊哲学，在进行哲学思考的过程中，都大量地使用了隐喻来进行理论探讨。在早期的希腊自然哲学时期，哲学家是在观察和想象的基础上开始对自然进行哲学思考的。在对世界本原的探讨中，由于当时并没有形成关于一般问题的抽象概念，所以哲学家们在回答关于世界本原的问题的时候，无不采用隐喻的方式，这也在一定程度上说明语言原初的隐喻性特征。西方哲学的始祖泰勒斯宣称一切事物都是以水的形式构成的。这不是凭空的捏造或想象，而是建立在他对自然的观察与再观察的基础上得出的结论。亚里士多德认为泰勒斯之所以得出这样的结论是有原因的，水是滋润万物生长之物，热亦从水而生并依水而存。早期的哲学家观察世界的方式是感性直观的方法，并由此出发去思考万物的本原。但即便是这样，"本原是水"这个隐喻也已经具备了一定的揭蔽意义，已经能够让我们感受到本原具有的普遍性和流动性。水作为万物生长所必需的物质条件，同时还具有一种生命力[1]。阿那克西美尼用"气"、赫拉克利特用"火"到后来毕达哥拉斯用"数"来解释万物的本原，都体现了人类认识世界从朴素的直观体验开始。但是不可回避的是，他们遇到了"一与多""变与不变"等诸多问题。巴门尼德为了改变这样的状况，摒弃了自然哲学的道路，提出了以唯一、永恒的存在作为哲学研究对象的主张，并称这是区别于"意见之路"的"真理之路"。自此，西方哲学便展开了对确定不变的、永恒的真理的追求。真理的确定性在根本意义上排斥了具有模糊性和歧义性的隐喻。然而巴门尼德在谈论永恒唯一的真理时，也不得不用隐喻的方式展现。在古希腊的哲学著作中，哲学家们常常用隐喻来表达对理念和事物的理解，如柏拉图的洞喻。中世纪对隐喻的研究虽

---

[1] PATRICIA CURD. A Presocratics Reader—Selected Fragments and Testimonia [M]. Indianapolis: Hackett Publishing Company Inc., 1996: 2.

少，但并不妨碍它成为隐喻鼎盛的时代。教会是当时社会生活的中心，基督教神学家们公开提倡用象征和隐喻的表达来理解上帝向世人昭示的真理。《圣经》作为受上帝启示而写成的著作，本身就蕴含了无数的隐喻和寓言故事。

从古希腊到中世纪虽然是隐喻繁荣的时代，但从巴门尼德开始就踏上了追求确定性真理的道路，这便导致了隐喻与真理之间的矛盾关系。柏拉图的理念论将真理定义为理念。他认为，确定的知识不可能建立在不断变幻着和消失着的世界之上，它必须以某种恒定和持久的东西为依据。思想所专注的不是事物的特性，而是事物的共性。共性是同一类事物所共有的也是本质的。具体的事物之所以存在，是因为它们分有了同名的理念（idea 或 eidos）。idea 和 eidos 都源于希腊语 idein，意思是"看"。理念的"看"是对事物形状的看，转义为灵魂所见的东西。理念的"看"不同于视觉意义上的看，而是对形式与本质的"看"。个别事物是处于变化之中的，而理念是永恒不变的。这样，柏拉图将世界划分为理念世界和事物世界，或者说是可知世界和可感世界。只有超越感觉事物的真实的存在才是普遍的、必然的知识的对象。"理念形成一个自在的世界，它是永恒的和不变的，并且只能被思想所理解。理念处于纯粹而独立的存在状态，它们在'九天之上'有自己的住所，灵魂在前世已经在那里见过它们。一切学问和知识都在于灵魂看到感觉事物时对理念的回忆。"[①] 在柏拉图的哲学中，理念是具有本体论意义的，是真正的存在。因此，对真理的追求就是对永恒不变的理念的追求。

亚里士多德虽然受到了其恩师柏拉图的很大影响，但是与柏拉图在方法和观点上存在着差异。柏拉图是理性主义者，他轻视感官世界，而亚里士多德却是经验主义者，认为在下判断之前必须参考所有有关的事实和看法。"柏拉图试图从他认为是人类知识的性质中，演绎出宇宙的性质。亚里士多德则从他所观察到的自然事实出发，把它们归纳入一个体系。"[②] 我们需要意识到，亚里士多德并不像我们现在这样将科学和哲学划分开来。在他看来，哲学是由整个有组织的知识所组成的。他将哲学分为理论的和实践的。理论知识分为三种：第一种是哲学（形而上学）、数学和物理学。实践知识包括伦理学、家政学和政治学。在亚里士多德的时代，希腊人认为唯一确定的、有效的知识典范就是数学，因此当亚里士多德谈到科学知识的时候，他意指的是确定的、必然真实的知识。他相信任何科学的所有命题必须是必然为真——在这一点上亚里士多

[①] 苗力田. 古希腊哲学 [M]. 北京：中国人民大学出版社，1989：140.
[②] DANIEL J O CONNOR. 亚里士多德 [M]. 胡念，译//D. J. 奥康诺. 批评的西方哲学史. 洪汉鼎，等译. 北京：东方出版社，2005：87.

德显示了他和柏拉图的一致，即普遍性是真正知识的一个本质。

到了中世纪，随着基督教统治地位的确立，信仰占据了重要的地位。柏拉图的那个"可知不可感的世界"在中世纪找到了最好的栖居之所。奥古斯丁认为存在着两个不同的世界："反映真理自身的可理解的世界"和"通过视觉和触觉认识的感性世界"①。奥古斯丁把数学、逻辑定理和道德判断等一切他称之为"智慧"的东西都纳入普遍真理，他扩大了毋庸置疑的真理的范围，并最终将包容这些真理的可理解的世界等同于神的精神，这样他就把这个世界与上帝的创造性智慧等同起来。阿奎那通过对信仰与理性的分析，得出两个等级的启示：①不可证明的、不可启示的、不可理解的真理；②凭独立的人类理智可以证明的、可以启示的、可以理解的真理。阿奎那认为，信仰的某些东西——基督教的奥秘——是不能被证明的。因此，他认为真理本质上的可理解性，虽然有时被说成是它们"高于"人类理性，但不与人类理性相矛盾②。阿奎那试图调和理性与信仰的关系，他赞同从理智上把握神启真理不仅是令人向往的，也是可以做到的。归根结底，阿奎那的调和只是为了一个目标：所有人类认识努力的终极目标就是认识上帝。

表面上看来，从古希腊到中世纪是隐喻繁荣的时期，但对确定性真理的追求却使隐喻成为远离真理的修辞。在古希腊哲学中，修辞学和诗学与哲学的关系远比表面上显示的关系要复杂得多，这也是造成对隐喻的态度褒贬不一的重要原因。修辞学和诗学不仅是哲学家讨论的话题，它们同时也构成古希腊哲学的基础。"辩证法"一词源于希腊语 dialektike，意思是哲学的讨论或谈话。由埃利亚学派的逻辑推论和芝诺反证法发展而来的苏格拉底式对话，就是辩证法的早期形式。因此，"辩证法"一词具有通过对立意见的冲突而揭示真理的含义。而古希腊诗歌中的人物、事件等更是成为哲学话语的主题或批判对象。在哲学对话中，不仅修辞学的说服功能依然在发挥作用，诗学的模仿功能也在发挥作用。然而在确定性真理观的影响下，隐喻始终无法摆脱被边缘化的地位，因为隐喻不具有确定性的特征，亦无法通过与事实的符合来得到证明。

下面三小节将分别从古希腊、古罗马和中世纪对隐喻的研究入手，探讨隐喻在这一历史时期的地位问题。

---

① R A MARKUS. 奥古斯丁 [M]. 周兆平，陈海鸿，译//D. J. 奥康诺. 批评的西方哲学史. 洪汉鼎，等译. 北京：东方出版社，2005：161-162.

② KNUT TRANOY. 阿奎那 [M]. 何光沪，译//D. J. 奥康诺. 批评的西方哲学史. 洪汉鼎，等译. 北京：东方出版社，2005：195.

二、仅仅具有修辞学和诗学地位的隐喻

在第二章中我们曾经详细地分析了隐喻的修辞学和诗学概念。在古希腊，隐喻在这两个领域里的地位是明确的：隐喻是修辞格，是名称的转移；诗歌的模仿也给隐喻提供了重要的基础。然而矛盾的是，仅仅具有修辞学和诗学地位的隐喻，其有效性范围却总是可以扩大到哲学话语中，它似乎总与哲学话语相伴而生。这也是哲学家对隐喻的旨趣从未消失的主要原因。但是由于真理是确定性的而隐喻是歧义性的，因此隐喻是无法达到确定性真理的要求的。

从苏格拉底对什么是真正的知识的探究开始，哲学思考便成了一个具体的"是什么"的问题。这一探究把隐喻的方法和手段纳入了哲学的话语特征中，因为隐喻总是试图把某事物看成另外一个事物。但隐喻所具有的地位却因为仅仅是"模仿"而被边缘化。柏拉图对隐喻的态度在《理想国》中通过对诗人的评价得到了充分的体现。在《理想国》第十卷中，他借苏格拉底之口指出，悲剧诗人和画家一样都是模仿者，他们的创造物（诗与画）与真实（指理念）隔着两层。因为他们的创造物是对依据理念被制造之物的模仿，没有任何实用价值。在柏拉图看来，形式或理念才是最本质和最根本的东西，所有的诗人都只是美德或自己制造的其他东西的影像的模仿者，他们完全不知道实在而只是知道事物的外表而已。柏拉图认为诗人最擅长运用模仿技巧，以语词（特别是隐喻）为手段描绘事物，对一无所知的听众有着巨大的吸引力和欺骗性进而使之信以为真。柏拉图对只会模仿的诗人进行了猛烈的抨击，并认为像荷马这样著名的诗人也没有什么真知识（关于理念的知识）而只是有模仿术而已[1]。柏拉图对诗人毫不留情的批评是在对众多哲学家（泰勒斯、毕达哥拉斯等）的赞扬中进行的。

柏拉图用"理念"至高无上的地位指出了哲学关注的问题才是"真的知识"。诗歌（也可指隐喻）的模仿永远只能停留在对这种"理念"远距离的影像模仿之中，诗人在诸如战争和指挥问题、城邦治理问题和人的教育问题上根本就不能提供任何值得称道的答案。

柏拉图对诗人的态度也是他对隐喻的态度：隐喻的模仿功能具有欺骗性，使我们远离"真理"。他对隐喻的态度也反映在他对修辞学的态度上。在古希腊的民主政治生活中，辩论是修辞学源起的现实需要，在这样的现实中，修辞学从说服艺术逐渐成了可以通过支配语词来支配人的技巧，为了达到目的可能

---

[1] 柏拉图. 理想国 [M]. 郭斌和，张竹明，译. 北京：商务印书馆，1986：388-396.

不再进行真实言说。少年时代的柏拉图就目睹了雅典在巧舌如簧的政客的操弄下深陷战争的泥沼而不能自拔，雅典也因此衰落。柏拉图看到了修辞学这一产生错觉和假象的可怕之处，对隐喻的指责也是对诡辩派本身的指责。还有一种解释就是，面对当时整个希腊社会对修辞学的狂热崇拜，柏拉图反潮流的见解本身就应该被看成在践行"双向言说"或"对言"，这也体现了修辞的基本原则，即对一切事物都存在着两种相反（但又讲得通）的说法，因此针对修辞学也存在着两种针锋相对的说法①。

柏拉图对隐喻的立场是矛盾的，在对修辞进行严厉批判的同时，他不断地使用隐喻来向我们展现他的"理念"。柏拉图用洞喻对"理念"的诠释堪称隐喻的典范。洞喻意在指出，人类就好像洞中囚犯一样每天所看到的不过是真实事物的影子而已，哲学家就是要让世人看清什么是虚幻的假象，而在一切显现之物之上的"理念"才是永恒的东西。

柏拉图对隐喻的矛盾立场由他自己在《斐德罗篇》中得到了澄清。他区分了真正的修辞学和虚假的修辞学（诡辩）。虚假的修辞学只考虑说服的效果而不顾及真理，而真正的修辞学是在对真理予以认识的基础上进行说服②。在《斐德罗篇》里，我们能够看出柏拉图对诡辩派只为达到目标而使用修辞的极度厌恶。他对修辞的看法是仅仅具有工具性的修饰作用。修辞只有附属于对"理念"（真理）知识的追求这一目标，才具有合法性。柏拉图的理念论具有本体论的意义，"理念"代表真正的存在，即自在之物。每一个事物之所以成为该事物是通过理念存在于其中，或者通过对理念的分有。在柏拉图的理念论中，居于第一位的是那个自在存在的理念，事物不过是分有了理念，而一切模仿（包括隐喻）不过是对事物的模仿，是远离"理念"（真理）的。

与柏拉图的矛盾态度不同，亚里士多德对隐喻的使用大加赞扬。他认为对于诗人来说"最重要的就是要成为善于使用隐喻的大师。这是无法从别人那里学来的。这是天才的标志，因为一个好的隐喻意味着诗人在不相同的事物中发现了凭直觉感知到的相似之处"③。亚里士多德在肯定隐喻在诗歌中的价值的同时，也强调了它在修辞学中的作用。他尤其指出隐喻在知识的传授和获得中所起到的作用，即隐喻给学习带来快乐的同时也给我们创造了理解和知

---

① 刘亚猛. 西方修辞学史［M］. 北京：外语教学与研究出版社，2008：46.
② 柏拉图. 文艺对话集［M］. 朱光潜，译. 北京：人民文学出版社，1963：106-107.
③ ARISTOTLE. The Basic Works of Aristotle［M］. RICHARD MCKEON. New York：The Modern Library, 2001：1459a.

识①。亚里士多德对隐喻的评价显示出了他深邃的洞察力。与他对隐喻的肯定态度相比，他给隐喻下的定义对后世的隐喻研究的影响更为深远。他的分类学定义把隐喻限制在名称转移理论中，这也在无形之中限制了隐喻的话语特征，使隐喻成了一种偏离现象。亚里士多德认为隐喻是要根据偏离来定义的，因为它不同于日常的用法。他在《诗学》中说："风格的美在于明晰而不流于平淡。最明晰的风格是由普通词造成的，但平淡无奇，克勒俄丰和斯忒涅罗斯的诗风格就是如此的。使用与日常用法截然不同的词（unfamilar terms），风格显得高雅而不平凡；这些词包括罕见词、隐喻词、扩充词以及一切偏离日常用法的词。"②

亚里士多德虽然赞赏隐喻给风格带来的美，甚至提到了它给我们创造了理解和知识，但他对隐喻的肯定仅限于修辞学和诗学的领域，因为他将隐喻严格地限定在名称转移的理论中。亚里士多德的立场实际上导致了后世对隐喻的偏见。正如利科所指出的那样，名称转移所暗含的九个假设③已经将隐喻确定为仅具有修饰功能，而这便意味着隐喻不能提供任何信息或知识。

亚里士多德和柏拉图对隐喻一褒一贬的看法也反映了人类对隐喻认识的矛盾心理。柏拉图在构建自己的形而上学体系时，企图超越可感世界的表象到达最高的"理念"世界，必然将具有不确定性的隐喻排除在外。但我们也看到柏拉图对他"所谓的""最高"的"理念"的构筑必须依赖隐喻的揭蔽性方能达到形而上学意义上概念的超越。柏拉图对隐喻的矛盾心理在亚里士多德那里得到了缓解。亚里士多德对隐喻的赞扬完全符合他从经验着手对问题加以思考的方式，他看到了隐喻通过人的感知来发现不同事物中的相似之处给语言所增添的魅力。亚里士多德像对待一切知识一样对隐喻进行了界定。这一界定把隐喻狭窄化，成为简单的名称转移，而隐喻的合法范围也被限制在修辞学和诗学范围内。在亚里士多德的真理符合论观点中，判定真与假的标准虽然已经不再有不可感的"理念"，但对存在者的正确陈述是要如实地反映客观事物的性质、状态或关系，也就是命题与实在的符合关系。在这样的真理观限制下，隐喻的地位仅限于修辞学和诗学是顺理成章的。

---

① 参见第二章第二节。
② ARISTOTLE. The Basic Works of Aristotle [M]. RICHARD MCKEON. New York: The Modern Library, 2001: 1458a.
③ 关于这九个假设在第二章第二节中有详细的论述。

三、作为最高美德的修辞学

作为古典修辞学的集大成者,古罗马帝国时期著名的政治家、演说家和哲学家西塞罗,摆脱了古希腊对修辞学的分类学看法,开始探讨修辞学的本质特征和社会功用。西塞罗生活的年代恰逢罗马共和国逐步蜕变为帝国体制的转折期,整个国家的政局陷入动荡中。西塞罗在罗马法律界和政界的生涯中,以其雄辩才能著称,后因政治立场问题,被迫淡出政界,开始潜心研究修辞学。在罗马共和国体制逐步转变成帝国体制时,西塞罗对修辞学的研究已经彻底脱离了技术层面的微观研究,而把注意力集中放在了"非技术性的宏观问题上"①。西塞罗睿智地洞察到杰出的演说家远比精通某种科学和艺术的人要少得多,奇怪的是研究其他科学所汲取的几乎都是抽象的、秘密的源泉,在这些科学和艺术中最令人称赞的是那种令人们最难理解和想象的东西,"而演说术中则相反,最大的失误在于偏离大众的语言类型和人们普遍接受的习惯"②。

西塞罗的这一观点显示出他对修辞学研究对象的深刻认识:修辞研究必须在社会、文化条件构成下进行解读,应当与人们的日常生活相关。当西塞罗宣称,"不存在任何真正的、固有的演说术"③ 时,他的真正观点是在各种各样的公共话语中使用的语言是不可能一成不变的,它必须依据民众的理解而不断调整。具有丰富演说经验和娴熟技巧的人,将自己的言说实践加以记录并进行分类和阐发,就可以称之为艺术。

西塞罗对于隐喻的研究虽然并没有突破亚里士多德的名称转移的概念,但对隐喻的描述也不乏深刻的洞见。他认为隐喻是词语的借用,并称之为"转义词"。西塞罗认为演说家用来美化和修饰演说辞的词语有三类:罕用词、新造词或者转义词。这一分类与亚里士多德的分类有极大的相似之处。转义词的使用因为"起初构造它们是由于词汇匮乏,经常加以利用则是为了怡悦"④。西塞罗强调当词语被转义代用时,相似性凝聚在一个词语上,虽然仍像原来一样,但被置于另一种情境中。如果转义被察觉就使人怡悦,反之,就不应该采用。转义应当能更清楚地表现对象。下面的诗句例证了,为了使一切更浅显明白,差不多所有的都是借用词语含义的相似性是由转义词表达的:

---

① 刘亚猛. 西方修辞学史 [M]. 北京:外语教学与研究出版社, 2008:100.
② 西塞罗. 论演说家 [M]. 王焕生,译. 北京:中国政法大学出版社, 2003:11.
③ 西塞罗. 论演说家 [M]. 王焕生,译. 北京:中国政法大学出版社, 2003:75.
④ 西塞罗. 论演说家 [M]. 王焕生,译. 北京:中国政法大学出版社, 2003:621.

> 大海竖起了脊毛，
> 昏暗变浓重，模糊了黑夜的云翳，
> 火光在云层间闪烁，雷声震荡空宇，
> 冰雹混合着暴雨骤然间倾泻而下，
> 狂风肆虐，隆起一处处凶猛的漩流，
> 沸腾了整个海渊。①

西塞罗在分析人们为什么喜欢用转义词时指出，用另一种思路把听众引开，但又不产生误解，会带来极大的愉悦。由于单个的词语能描写整个对象，或是转义直接作用于感觉本身，特别是最敏锐的视觉，转义词"把我们凭视觉不能看见和判断的东西置于心灵的视野中"。"自然界中不存在任何这样的事物，其名字和称谓我们不能转义于其他事物。"②隐喻的使用可以使文章增强修饰的效果，但必须避免不相似性或与比拟物相差太大。西塞罗还特别强调比喻要回避引起听众注意事物庸俗的方面。西塞罗在词语替代和转换的基础上，甚至谈到了句子层面的隐喻，虽然这并不是他强调的重点。他认为，由于转义词的缘故，不是以单个转义词语形式，而是由许多相联系的词语组成的转义表达形成了另一种类型，以至于说的是一个意思，却需要被理解成另一个意思。例如：

> 你错了，错了，强有力的法律鞭子会制服
> 你这个吹牛家、自信狂，权力会给你套上轭。③

西塞罗这里所说的句子层面的转义是指选取相等的事物之后，把属于一事物的词语连续转用于另一事物。所以他所谓句子层面的转义是指一系列相关转义词的连续使用。总起来，西塞罗强调在转义词（隐喻）使用上应当发挥相似性的作用，因为"思维的目光更容易被引向所看见的东西，而不是被吸引向所听到的东西……转义使用词语最主要的目的在于撞击感觉"④。他重视隐喻给人带来的愉悦，并指出演说家应当用隐喻引导人们朝向美好的事物而不是低俗的事物。

西塞罗认为修辞学是最高的美德。在罗马时代的法庭诉讼和政治辩论中，

---

① 帕库维乌斯的悲剧[M]//西塞罗.论演说家.王焕生，译.北京：中国政法大学出版社，2003：621-623.
② 西塞罗.论演说家[M].王焕生，译.北京：中国政法大学出版社，2003：625.
③ 悲剧残段，可能引自阿克基乌斯的《克吕泰墨涅斯特拉》.转引自：西塞罗.论演说家[M].王焕生，译.北京：中国政法大学出版社，2003：621-623.
④ 西塞罗.论演说家[M].王焕生，译.北京：中国政法大学出版社，2003：627.

演说术所发挥的重要作用已经使他意识到,言说是具有社会和文化功能的,言说必须依据环境的变化而进行调整。西塞罗认为演说术是最高德行之一。由于演说术"凭借对事物的认识,通过语言有力地表达我们的心智的想法和愿望,以至于能够促使听众倾向于它所希望的方向"①。他坚持认为,演说术应当与正直和高度的智慧结合起来,这样才能发挥演说术作为超越学科领域的美德得以彰显。

通过对隐喻的修辞学和诗学源起的回顾,我们可以发现,在古希腊和古罗马时期,隐喻被认可且能够发挥作用的两个领域就是诗学和演说(或辩论)。两个时期的哲学家都对隐喻的诗学功能给予了肯定,并强调隐喻的模仿带来精神的愉悦。在演说与辩论领域,两个时期的哲学家由于时代背景的不同而有着不同的见解。柏拉图、亚里士多德和西塞罗都看到了隐喻所具有的魅力。亚里士多德和西塞罗对隐喻的魅力给予了充分的赞美。但柏拉图却忧心于隐喻(作为修辞)所具有的通过巧妙言说而操纵权力的危险力量,因此他以是否对真理的认识为标准来判定什么是真正的修辞学,即修辞要服务于对真理知识的追求,否则就是危险的修辞。西塞罗虽提及演说家使用修辞时应当回避庸俗的东西,但他的主要思想是认为演说术是最高的德行之一,如若能与正直和高度的智慧结合,将超越科学领域的美德。西塞罗对演说术的高度评价更多的是从演说术所具有的社会和文化的功能而言的,在这一点上,他和柏拉图相反的观点构成了对演说术的辩证统一的思想。虽然他们的观点有很大的差异,但是有一点却是共同的,那就是修辞(包括隐喻)的重要地位仍然在诗学和演说(或辩论)中,这一地位也决定了隐喻远离确定性的真理。

四、经院哲学体系中虚位存在的隐喻

欧洲中世纪大约从公元 5 世纪到 15 世纪,历时一千多年之久。这是西方文明史上理性让位于信仰、哲学屈就于神学的时代。在这样一个时代,修辞学的研究也必然服务于神学。基督教的不断壮大是伴随着古罗马帝国的不断瓦解和外族入侵的社会现实而进行的。古罗马帝国的逐渐瓦解带来了政治格局的混乱,欧洲失去了强有力的统治者,又不断面临外族入侵的威胁,这一切都给平民的生活带来了巨大的痛苦。在欧洲不断被外族以武力征服之时,填补欧洲权力真空的是基督教。基督教用教义征服了外族入侵者,使欧洲取得了信仰上的统一。基督教主张人人都享有信仰上帝的权利和关于人类得救的观念,极大地

---

① 西塞罗. 论演说家 [M]. 王焕生,译. 北京:中国政法大学出版社,2003:541.

吸引了众多来自社会中下层的信徒，使得基督教在欧洲的政治和社会生活中逐步占据了统治地位。

中世纪是隐喻繁荣的时代，但是对隐喻的研究在这一时期并没有受到太多的重视，许多哲学家对于隐喻的看法大多是对柏拉图观点的继承。尽管隐喻是上帝用来向世人昭示意义和真理的手段，但是在经院哲学体系中并没有隐喻的地位，即便是有，隐喻也是暗含在分有学说和类比思想之中的。隐喻在神哲学体系中的虚位存在可以在经院哲学家托马斯·阿奎那的分有学说和类比思想中找到证据。

通常认为阿奎那的思想受亚里士多德思想影响较多，但这并不否定其对柏拉图思想的发展，尤其是对"分有"的继承和发展。基督教在中世纪虽然已逐渐占据了中心地位，但仍然不断有来自异教徒的质疑声音。在阿奎那生活的时代，对亚里士多德和柏拉图思想的继承和发展有着非常现实的需要：如何妥善地论述理性与信仰的关系成了当务之急。随着亚里士多德主义浪潮的不断高涨，以柏拉图哲学为理论根据的早期中世纪经院哲学受到越来越多的抨击。阿奎那在他的《反异教大全》(*Summa Contra Gentiles*) 中开始所采取的立场不是基督教教义的立场，而是熟知亚里士多德哲学的犹太和穆斯林思想家所接受的哲学前提。阿奎那对自己的方法这样解释："这些人（穆斯林和任何异教徒）既不接受《旧约》又不接受《新约》，所以，我们必须诉诸任何人不得不赞成的自然理性。"① 由此我们可以看出，阿奎那极力在理性层面建立神学思想。

阿奎那继承并发展了柏拉图的分有学说。柏拉图哲学的"理念"是超越个别事物且永恒不变的，是必然的存在。虽然柏拉图指出理念是通过"分有"和"模仿"两种方式派生事物的，但他强调世界分为理念世界和事物世界，理念世界是可知不可感的，事物世界是可感不可知的，这样就使两个世界被割裂开来。分有学说之所以是阿奎那哲学系统的核心，是因为它是一个关于人对神之关系的学说。如果不预设"分有"，神就无法被认知，受造物也无法被理解，托马斯·阿奎那就无法构建他的神哲学体系。阿奎那的分有学说认为，"上帝乃宇宙万物的典范因，人是上帝的形象，任何事物均以其特殊方式反映神完美的一小部分，反映的等级与事物的存在等级相对应"②。如果说柏拉图的"理念"是将对本原的直观把握给彻底抽象化的话，那么托马斯·阿奎那对"理念"分有的继承和发展就体现在他把上帝（一个与我们可以构成关系

---

① 安东尼·肯尼. 牛津西方哲学史：第二卷 [M]. 袁宪军, 译. 长春：吉林出版集团有限公司，2010：67.
② 刘素民. 托马斯·阿奎那自然法思想研究 [M]. 北京：人民出版社，2007：149.

的神）看成一切受造物的创造者、世界的本原。我们无法认识上帝，只能通过上帝的创造物去证明上帝的存在。在此，阿奎那跟柏拉图一样是在回答苏格拉底"是什么"的问题。对于柏拉图来说，存在是理念；对于阿奎那来说，存在是上帝。阿奎那通过隐喻回答，使人与上帝建立了联系。他超越了柏拉图的理念，并在理念世界和事物世界之间建立了联系。

阿奎那的类比思想是伴随着他的分有学说从"形式分有"到"存在分有"的不断发展而发展的。分有学说只是自上而下地确立了上帝是绝对的有和绝对的存在者，而事物是有限的有和可能的存在者。如何才能让上帝的存在得到进一步的证明是阿奎那面临的紧迫任务。如果说分有学说让阿奎那可以预设上帝的绝对存在，那么类比思想就是阿奎那借以用来自下而上在理性层面论证上帝存在的坚固基础。在阿奎那构建自己的神哲学体系中提出过许多种类比，如比例类比、部分类比、存在类比等。阿奎那与亚里士多德一样遇到了如何解决存在概念的模糊性问题。然而正如利科所言，"提出上帝和受造物共有的话语意味着破坏上帝的超越性，但假定一个层面的意义与另一个层面的意义毫不相干则会被指责为彻头彻尾的不可知论"[①]。阿奎那认为，上帝是自在存在（ipsum esse），而受造物均是分有存在（habet esse），在这两者之间使用的 esse 这个词，不是单义词，而是类比词[②]。利特肯斯在其名著《上帝与世界的类比：关于托马斯类比思想之背景研究与用法解析》（*The Analogy between God and the World: An Investigation of its Background and interpretation of its Use by Thomas of Aquino*）中提出，阿奎那类比学说中除了比例类比和比例性类比，还有两个重要的类比形式，一个是属性类比，其类比词从上帝身上而来，另一个是因果类比，由于上帝是第一因，可以从受造物的结果而得出原因。[③] 阿奎那基于这后两种类比，证明了上帝的存在，而这一结论也是早已被分有预设的。

至此，我们可以了解阿奎那解决存在概念模糊性的手段是借助类比。为什么要借助类比而不是隐喻呢？类比的希腊文是 aná-logon（依照关系），即根据某存在物与他物的关系而领会该物。比例类比作为典型的类比具有严密的逻辑性和科学性，这显然符合阿奎那将神学建立在理性基础上的初衷。但阿奎那并没有停留在比例类比上，因为单纯的数学意义上的比例类比无法解决受造物分有上帝的存在而产生的一系列复杂的问题。利科认为阿奎那尝试区分了两种类比：比例（数学意义上）类比和比例性（proportionalitas）类比，并扩大了两

---

① 保罗·利科. 活的隐喻 [M]. 汪堂家, 译. 上海：上海译文出版社, 2004：377.
② 刘素民. 托马斯·阿奎那自然法思想研究 [M]. 北京：人民出版社, 2007：152.
③ 保罗·利科. 活的隐喻 [M]. 汪堂家, 译. 上海：上海译文出版社, 2004：381-382.

种类比的范围。阿奎那把第一种类比"扩展到包括'特定的距离'和密切的联系在内的关系";第二种类比也可包含任意项之间的比例的相似性。而在使比例类比转向因果类比之时,阿奎那已经默认了使用隐喻的手段来描述上帝和受造物之间的关系。在注解彼得·伦巴第《神学纲要》时,阿奎那也提到了以"模仿"的方式来指称上帝与受造物之间的相似性。他认为,受造物之所以有存在乃是因为受造物模仿第一存在(上帝),因此也可以通过模仿的方式用智慧和其他完美性指称在受造物身上①。

阿奎那的类比思想试图要解决的问题归根到底是对单一性和模糊性的逻辑连接的逻辑解释。阿奎那以类比思想成功地解决了理性与神学结合的问题,但在他的类比中,类比原初的科学性在不断扩展的类比中被弱化,在它被定义为比例性时最接近隐喻。利科认为求助于分有就意味着回到隐喻。在《神学大全》中,阿奎那写道:"这样,太阳就通过它的独一无二的力量在人世间产生各种各样的存在形式。同样,……在分化的各种各样的被创造物中,所有东西的完满性事先以统一的单纯的形式存在于上帝那里。"② 利科精辟地分析了类比和隐喻如何在阿奎那的神哲学体系中和解,并在交叉中产生了本体论与神学的混合物,从而被海德格尔称为本体论神学。利科认为,在存在的下降顺序和意义的上升顺序两种转移方式的相互交叉过程中,形成了话语的混合形态。而"正是在这种混合形态中,比例式隐喻与先验类比将它们的意义的效果结合起来。通过这种交错配例法,思辨将隐喻垂直化,诗歌则将图像层赋予思辨的类比"③。

在阿奎那本体论神学中,隐喻以一种合理的方式隐秘地存在于这一话语中,但并没有被赋予重要的地位。也许有人会认为,隐喻在神哲学体系中的地位不是边缘化的,而是居于重要地位的,因为它既存在于上帝昭示真理的话语中,又存在于对上帝存在的论证中。但是必须指出的是,对于中世纪的哲学家阿奎那而言,隐喻不过是用来证明上帝的存在和受造物对上帝的模仿的手段而已,只能具有工具性的作用,因此,隐喻的实际在场及其不可或缺的地位并没有改变它受确定性真理限定的地位。它是虚位存在于经院哲学体系中的,它只是帮助人们理解上帝的话语工具而已。

---

① 刘素民. 托马斯·阿奎那自然法思想研究 [M]. 北京:人民出版社,2007:168.
② 保罗·利科. 活的隐喻 [M]. 汪堂家,译. 上海:上海译文出版社,2004:386.
③ 保罗·利科. 活的隐喻 [M]. 汪堂家,译. 上海:上海译文出版社,2004:388.

第二节　隐喻被科学方法论与认识论批判并限定

一、近代科学方法论与认识论对隐喻的批判

文艺复兴运动结束了中世纪漫长的宗教统治，实验科学的不断发展唤醒了久被压制的人类理性。这一时期对于不断崛起的新兴资产阶级来说，首先要解决的是无知的问题。一切以宗教信条为依据，三段式的逻辑推演只涉及事物的形式，却不提供任何新的知识。中世纪宗教信条对社会生活所有层面的占领，已经严重阻碍了社会的进步和科学的发展。对于看到了这一点的哲学家来说，已经到了必须给宗教划定区域，让科学摆脱宗教束缚的紧迫关头。

此时的哲学家已经开始重视科学的方法论和认识论。笛卡尔在《谈谈方法》一书中鲜明地指出四条认识论原则："凡是没有明确地认识到的东西，决不把它当成真的接受；把所审查的问题分成若干部分来处理；思考必须从最简单、最容易的认识对象开始，逐步到认识最复杂的对象；应当尽量全面地考察，尽量普遍地复查，做到毫无遗漏。"① 笛卡尔是一个二元论者和理性主义者，他认为人类可以使用数学方法（理性）来进行哲学思考。笛卡尔提出的方法论和认识论思想，为西方近代科学精神的发展奠定了哲学基础。虽然上帝依然存在，但是具有怀疑精神的"人"可以撇开经院中讲授的思辨哲学，而凭借科学方法把周围的一切物体认识得一清二楚。

在近代科学提倡通过科学的方法来认识事物的历史背景下，隐喻在中世纪被频繁使用的状况彻底改变，因为隐喻的表达既不能通过科学的方法来证明，而且也不是科学语言用来表达思想的手段。这样，隐喻成了与近代科学精神格格不入的语言表达方式，有时甚至会误导人并产生歧义。

如果说笛卡尔是在宏观上提出了科学的方法论和认识论来引导人们对周围的事物进行理性的考察，那么这一时期的另外两位哲学家——霍布斯和洛克，则在微观上详细地阐明了言语在获得科学知识上的重要性。

在《利维坦》中，霍布斯认为语言最重要的作用是获得学术知识或向他人说明所获得的知识，要想追求真实的知识，就必须从确保语词的定义开始（就像在几何学中一样）。"真实在于断言中名词的正确排列，所以寻求严格真实性的人就必须记住他所用的每一个名词所代表的是什么，并根据这一点来加

---

① 笛卡尔. 谈谈方法 [M]. 王太庆, 译. 北京：商务印书馆，2000：16.

以排列。"① 霍布斯强调名词的正确定义是科学上的一大收获，名词的重要功能是作为记忆的标记。在霍布斯看来，语言的作用要么帮助我们获得学术知识并加以说明，要么使别人知道我们的意图和目的，要么就是"无害地为了娱乐和炫耀而玩弄语词以自娱和娱悦他人"②。在此，霍布斯明显地暗示了修辞在语言中的运用只能局限于娱乐自己或他人。因此，对于霍布斯来说，语言的滥用不仅包含了用词不准、表达思想错误，还包括在隐喻的意义下使用语词，因为隐喻地使用语言就是不按照规定的意义运用，是对别人的欺骗。

另一位哲学家洛克在《人类理解论》中把包括隐喻在内的各种修辞学手段看成语言的缺点和滥用。他指出，修辞学中的任何技巧以及对文字的迂回用法，"都只能暗示错误的观念，都只能够动人的感情，都只能够迷惑人的判断，因此，它们完全是一套欺骗"③。修辞对于真理的保存和知识的促进毫无作用。

霍布斯和洛克对隐喻的批判是针对当时历史的现实问题展开的。为了能够让人们了解什么是真正的科学知识，必须反对一切模棱两可的、不确定的、不符合严格逻辑的语言，只有绝对理性的方法才能够获得真正的科学知识。在宗教思想依然弥漫的17世纪，他们敢于鲜明地提出语言的首要用处是为了获得科学知识，这无疑是为了扭转基督教思想中《圣经》之后无任何新知识的现实。

在这个科学理性试图摆脱基督教影响的时代，隐喻只能是被排斥的。但即便如此，隐喻也并没有完全消失于科学理性中。例如，17世纪末18世纪初德国著名的哲学家莱布尼茨提出的单子论，就反映出哲学家在提出新理论时对隐喻的依赖。单子原为希腊语monas，意指单元。毕达哥拉斯学派在数的理论中最早使用了单子。莱布尼茨所谓的单子，是无广延和部分、不可分的真正"单纯"的实体。单子是完全封闭的，"没有可供某物出入的窗户"，因此不能互相作用。单子是"小宇宙"，它是"宇宙活生生的镜子"④。如果不通过隐喻我们根本无法认识单子，单子的意义也将是空洞的。虽然在近代科学中，隐喻遭到了科学理性和科学方法的排斥，但是隐喻从未真正退场。

在科学方法论和认识论占统治地位的时代，隐喻只能让位于精准的、无歧

---

① 霍布斯. 利维坦 [M]. 张金言, 译. 北京: 商务印书馆, 2010: 22.
② 霍布斯. 利维坦 [M]. 张金言, 译. 北京: 商务印书馆, 2010: 20.
③ 约翰·洛克. 人类理解论 [M]. 关文运, 译. 北京: 商务印书馆, 1983: 16.
④ 北京大学哲学系外国哲学史教研室. 西方哲学原著选读 (上卷) [M]. 北京: 商务印书馆, 1981: 477-483.

义的科学语言。隐喻的急剧退场是历史境域决定的。但这一时代对隐喻的态度也不全然都像霍布斯和洛克那样全盘否定，康德和黑格尔在各自的哲学体系中都肯定了隐喻在概念形成中所发挥的重要作用。

二、被限定的仅仅具有美学意义的隐喻

霍布斯和洛克对隐喻全盘否定的态度是站在科学方法论和认识论立场上的，与他们不同的是，康德和黑格尔看到了隐喻在人的认识上所具有的重要意义。然而我们却明显地感觉到，康德和黑格尔所发现的隐喻力量如果说有超出修辞学和诗学范畴的话，也仅仅是在美学中（艺术领域）具有有效性，康德在"审美判断力"、黑格尔在"象征性艺术"中分别对隐喻进行了阐述。对于康德来说，判断力通过想象力创造相似性，在判断力中想象力和知性得以结合，而这种结合则构成了天才的内心力量。对于黑格尔来说，隐喻除了具有产生新概念的作用，就是在诗歌中发挥作用。

从表面上看，康德并未提出过关于隐喻的理论。但在《判断力批判》一书的第 49 节和第 59 节中，他对象征过程的分析就是对隐喻过程的分析。康德把概念分为三种：经验性的概念、纯粹知性概念和理性概念。康德认为："要显示概念的实在性永远需要有直观。如果它们是经验性的概念，那么这些直观就叫作实例。如果它们是纯粹知性概念，那么这些直观就被称为图形。如果人们甚至要求理性概念即理念的客观实在性，也为了达到对理念的理论知识而得到显示，那么人们就是在欲求某种不可能的东西，因为绝对不可能与这些理念相适合地给出任何直观。"[①]

康德认为，一个概念如果有真正的意义，就必须与我们可以经验到的事物相联系（也就是所谓的"直观"）。由于经验性的概念和纯粹知性概念都来源于感性直观，因此这两种概念的表达不存在问题。但理性概念却不一样，由于它是完美的形式（或是包含有完整性的理念），所以任何感性直观都不能用来代替理性概念。但是，如果想让理性概念有意义，它必须与感性直观相联系。康德自己提出了解决问题的办法。他认为直觉的表象方式可以是图形式的或象征式的，这两者都是生动描绘，即演示（exhibitiones）。因此给先天概念所配备的直观也需要通过图形物或是象征物来实现，前者包含对概念的直接演示，后者包含对概念的间接演示。

康德详细地讨论了象征物的间接演示，而这一象征的过程就是隐喻的间接

---

① 康德. 判断力批判 [M]. 邓晓芒, 译. 北京: 人民出版社, 2002: 198.

演示过程。让我们借助康德提供的象征实例来体会他的意思。一个君主制的国家如果按照内部的公民立法来统治，就通过一个赋有灵魂的身体来表现；如果由一个单一的绝对意志来统治的话，就通过一个机械来表现。康德所谓的"象征"在这一实例的展示下，完全就是我们所说的隐喻。按照康德的这个理论，以"一个君主制国家是一个有灵魂的身体"为例，一个象征的陈述可以这样来理解：一个词语意指由抽象的推理形成的抽象的观念或概念（如君主制国家），如果不想仅仅作为一个词或是一个逻辑项，它就必须与经验相联系。而另外一个词语指经验性的事物或事件（如有灵魂的身体）用来象征性地指代这个表示概念（君主制国家）的词语。这里具有隐喻意义的"有灵魂的身体"的字面意义依然存在，但是在隐喻的句子中，它给抽象的概念赋予了隐喻的意义。在康德描述的这一创造性的过程中，判断力在字面意义之外创造了隐喻意义。换句话说，判断力创造了两个词语可以联系在一起的相似性。在这一过程中，"判断力完成了双重的任务，一是把概念应用到一个感性直观的对象上，二是接着就把对那个直观的反思的单纯规则应用到一个完全另外的对象（康德实际所指应为概念）上，前一个对象只是这个对象的象征"①。判断力的认识能力通过执行双重功能将理性概念从逻辑项变成了一个有意义的概念，这个双重功能就是作为判断力的反思结果而产生的概念的隐喻意义。

　　在康德看来，隐喻过程中起重要作用的是想象力。"想象力（作为生产性的认识能力）在从现实自然提供给它的材料中仿佛创造出另一个自然这方面是极为强大的。"②他认为当经验对我们显得太平常的时候，我们会创造性地运用自然赋予我们的材料，这些材料可以被加工成某种另外的东西，即某些胜过自然界的东西。康德把这类想象力的表象称为理念，因为它们努力追求的是"某种超出经验界限之外而存在的东西，因而试图接近于对理性概念的某种表现，这就给它们带来了某种客观实在性的外表"③。判断力不是发现了已经存在于概念与感性直观之间的相似性，而是通过想象力创造了这种相似性。努尹（Nuyen）认为："康德关于隐喻的理论符合隐喻的特征，并将其提升到人类理解的重要地位。我们通过我们的理性概念、理性观念还有审美概念来构想世界、注视和判断自然并最终定义我们的经验。在康德的理论中，隐喻是概念和观念不可缺少的一部分。隐喻的过程为理性材料补充了让我们构思世界和新的洞见的新途径。康德的理论给予诗人和艺术家的想象以认识论意义上的合法

---

① 康德. 判断力批判 [M]. 邓晓芒, 译. 北京: 人民出版社, 2002: 199.
② 康德. 判断力批判 [M]. 邓晓芒, 译. 北京: 人民出版社, 2002: 158.
③ 康德. 判断力批判 [M]. 邓晓芒, 译. 北京: 人民出版社, 2002: 158.

性，并真正将这种想象放置在人类理性的中心。"[1] 在康德看来，人类理性的独特性就在于人类可以不断对自己的经验进行反思并在此过程中形成新的概念和观念。

康德的象征理论的确给隐喻的修辞学和诗学地位带来了提升，即隐喻给理性概念带来了客观实在性，并且将想象力的表象（也就是隐喻）看成想象力创造的相似性。但需要清楚意识到的是，在康德的哲学体系中，理性概念是先验的，即便是理性概念需要通过感性直观来使其变得有意义，也并不意味着理性概念完全可以通过语言来表达。这依然受到确定性真理观的影响。另外需要指出的是，康德对于隐喻过程（也可理解为象征过程）的阐述是在"审美判断力批判"中展开的。隐喻虽然可以给理性带来客观实在性，但是隐喻充分发挥作用的领域依然是审美领域（如诗歌和艺术），想象力构成的是天才的内心能力，而不是科学家的内心能力。天才仅限于艺术和审美领域，而不是科学领域。在康德哲学体系中，占中心地位的是先验哲学，即对主体之先天认识形式的理论。在《纯粹理性批判》中他讨论的是形而上学，专注于知性的能力；在《实践理性批判》中他讨论的是道德理论，专注于理性的能力；在《判断力批判》中他讨论的是审美理论，专注于判断力。因此，我们可以看出，在康德的体系中，隐喻的合法地位实际上只是美学范畴。

与康德不同的是，黑格尔在《美学》中详细地分析了在比喻（comparison）范畴下的各种比喻类型，并将比喻分成了两种：一是从外在事物出发的比喻，二是在形象化中从意义出发的比喻。在分析从意义出发的比喻时，黑格尔指出，比喻是在意义和形象分裂的前提下，要求意义与形象显示出关系。意义作为内在的东西，不依存于外在事物的情况，它是由它本身生发出来的。"它（意义）的表现或现实存在就是从具体世界借来的一种手段，用来使抽象的内容意义成为可想象、可观照、可以从感性方面界定的对象。"[2] 黑格尔认为，由于意义与形象的关联不是客观地存在于事物本身，因而比喻是主体造作成的。意义与形象的结合就是意义通过外在于它的形象而获得生命，同时也是凭主体作用去解释一种现实存在事物的意义。这种结合就是把事物联系到原来属于精神的观念、情感和思想上去了。黑格尔强调比喻是意义与形象的结合，是一种纯粹的主体作用，即主体尝试解释现实存在事物的意义。意义对形象起统治作用，形象只是意义的显现手段。至此我们能够发现，黑格尔对隐喻的看法与康

---

[1] A T NUYEN. The Kantian Theory of Metaphor [J]. Philosophy & Rhetoric, 1989, 95 (22): 108.

[2] 黑格尔. 美学：第二卷 [M]. 朱光潜，译. 北京：商务印书馆，2010：118.

德很类似，比喻是对更高层次概念进行表达的手段，它的地位从属于更高层次的概念。意义具有先在性，形象是辅助性的、工具性的表达手段。

在黑格尔的分类中，第二个类别的比喻包括谜语、寓意、隐喻、意象比譬和显喻（明喻）。黑格尔的分类目的是为了区分这几种比喻类型，但是他的区分说明反而让我们看到这些类型所具有的相似性（因为它们共同属于在形象中从意义出发的比喻）。许多人反对把寓意①列入比喻的范畴，认为寓意超出了词语和句子的范畴，属于散文，而比喻（如隐喻和显喻）是修辞。② 黑格尔认为寓意的第一个任务是把人和自然界某些普遍的抽象情况或性质加以人格化，然后把它作为主体来理解。而这个主体并不是真正意义上的主体，"它还只是一个普遍观念的抽象品，只有一种主体性格的空洞形式，其实只是一个语法上的主词"③。黑格尔的这一观点为我们将寓意和隐喻相提并论提供了非常好的起点。寓意虽然是超出句子范畴的散文，但是寓意其实具有一个极其复杂抽象的主体，如果我们把它看成语法上的主词，那么它具有的就是隐喻的结构。抽象的主体是主词，而表现抽象主体意义的材料是用来使这个主体意义显现的。这里黑格尔依然强调寓意中起统治作用的是意义，而用来表现意义的材料只是以抽象的方式隶属于意义④。因此，按照黑格尔的说法，对于艺术家来说，要想把他的观念中的那种普遍性因素如其所是地表现出来，就必须使用寓意的表现方式。在宗教领域亦是如此。基督教固然有圣母、基督、使徒们的事迹和命运可以是受到定性的个别人物，但同时也需要显示一些普遍的精神性的本质的东西，例如爱情、信仰和希望之类，而寓意恰恰是能够满足这种要求的表现形式。

黑格尔认为语言中包含着无数的隐喻，隐喻的形成过程是从本义到引申义再到本义。隐喻的本义原是涉及感性事物的，后来引申到精神事物上去，就具有了精神意义，因此本义是感性的，引申义是精神性的。引申义用久了就变成本义了。意义和意象在不断的运用中不再区分，意象也不再使人想起有感性观照的对象，而直接想到它的抽象的意义了，隐喻在这时就变成了"死隐喻"。黑格尔认为，诗歌虽然能够给我们创造新的隐喻，但是很容易流于矫揉造作。之所以使用隐喻，常常是为了强化效果，表达激动的情绪或精神。他坚持认

---

① 此处的寓意（allegory）指抽象概念的人格化。
② JANET MARTIN. Metaphor amongst Tropes [J]. Religious Studies, 1981（17）：56.
③ 黑格尔. 美学：第二卷 [M]. 朱光潜，译. 北京：商务印书馆，2010：122.
④ 黑格尔的这一看法已经接近对语言话语性特征的认识，但是在语词层面他依然认为字面义应该成为主导。

为，本义词应该在作品中占据优势，因为隐喻词会造成思路的中断或注意力的分散，所以隐喻不能被用得太过分。由此我们可以看出，黑格尔对隐喻的看法是辩证的，隐喻是新意义的创造，但是过多的隐喻就是浮夸，不利于思想的传递。黑格尔对隐喻形成过程的描述表明他已经看到隐喻在语言中的重要作用。但就像康德一样，黑格尔也给隐喻的有效性划定了范围：艺术领域。对于真正的思想传递来说，隐喻的使用是要适度的，过犹不及。隐喻的修饰性地位由此可见一斑。

综上所述，康德和黑格尔对隐喻的理解已经在前人的基础上有了很大的改观，他们都发现了隐喻的创造力，而这种创造力或是发现概念与感性直观的相似性或是使抽象的意义得以显现，但是他们对隐喻理解的改观也最终被他们自己限定在美学范畴，即这种创造力是属于艺术领域的。这样的结论也最终与他们各自的哲学体系相一致，隐喻仅仅作为发挥工具作用的语言手段，并不具有中心地位。

第三节 科学危机带来的对确定性真理观的反思和多视角的隐喻研究

一、科学危机带来的对确定性真理观的反思

在 19 世纪末，近代科学的迅猛发展使人类面临了前所未有的生存危机。科学对社会生活各个角落的全面占领让许多哲学家意识到，追求确定性真理的科学给我们带来物质条件改善的同时也带来了生存危机。对确定性真理的反思促使西方哲学出现了"语言学转向"。对语言的研究也成了 20 世纪哲学领域的主要课题。以英、美为代表的 20 世纪西方哲学的重要思潮之一的分析哲学主张，把哲学问题归结为语言问题，并运用现代逻辑的工具对语言进行分析。以德、法各派哲学为代表的欧陆哲学，或者在研究中重视对语言的考察、辨析，或者把本体论问题和语言问题融为一体。语言毫无疑问地成为当代哲学共同的关注点，而对语言的不同见解，又把英美哲学和欧陆哲学区别开来。

胡塞尔在他的《欧洲科学的危机与超越论的现象学》一书中指出："实证主义将科学的理念还原为纯粹事实的科学，科学的'危机'表现为科学丧失其对生活的意义。"[1] 胡塞尔的现象学就是在这样的现实中提出的。海德格尔

---

[1] 胡塞尔. 欧洲科学的危机与超越论的现象学 [M]. 王炳文，译. 北京：商务印书馆，2001：15.

正是在危机中成长并对危机做出敏锐反思的哲学家。在《存在与时间》中，他对西方传统形而上学的批判更多地体现在对人的生存的关注上。海德格尔诠释学视域下的真理不再是确定性的真理，而是通过"此在"的展开状态才能有的揭示状态。真理不是永恒不变的，真理是人的揭示活动①。

在科学带来生存危机的同时，科学哲学自身也发生了变化。随着科学理论不断向宇观和微观层次发展，自然科学涉及的对象已经远远超出了人类观察能力的范围，变得越来越抽象，许多科学理论不得不用隐喻的方式对研究对象加以描述。而科学理论一次又一次的革新使科学哲学家们意识到，固守确定性的科学真理不但不能推进科学的发展，反而成为阻碍科学发展的障碍。库恩从范式思想到对隐喻、模型和类比的重视，就反映了人类对修辞的新认识。他认为，隐喻、模型和类比的变化成为科学革命的三个特征，它们的根本变化直接导致人类看待世界的方式发生改变。隐喻在这样一种境域下，逐渐显现出基础性的重要地位。

伽达默尔更是在海德格尔的基础上提出，要在不受科学方法论控制的范围内探寻真理显示自身的经验方式。海德格尔在当代重新追溯希腊人关于真理的意义，让我们认识到对于存在的思考具有重要意义，即事物的遮蔽性和掩饰性才是探寻真理所必须要剥除的东西。事物总是从自身出发保持在遮蔽性之中，而掩饰性也正是人类言行所固有的。人的话语常常并非总是传达真理。因此，"在真的存在和真的话语之间就有一种原始的联系。在者的去蔽就在陈述的揭露中得到表达。"② 在伽达默尔看来，近代科学的形态经历了与希腊和基督教西方科学形态的根本决裂，因为今天占统治地位的是统一的方法概念。现代科学给我们带来的困境正是科学的认识方式本身给我们带来的。科学要求通过客观认识克服主观经验的偶然性，通过概念的单义性克服语言的多义性。科学的这一要求导致了对精确陈述的追求，即构造一种能够清晰说出意指事物的符号体系。数理逻辑成了语言哲学解决这一问题的途径。

但伽达默尔认为仅仅把存在的东西通过陈述提示出来是不够的。他认为，"在真理认识和可陈述性之间有一种并非按陈述的可证实性来衡量的关系"③。在精神科学的认识中我们看到了一种科学认识方法不能证实的新东西。没有一

---

① 关于真理的讨论详见第二章第二节。
② 汉斯-格奥尔格·伽达默尔. 诠释学Ⅱ：真理与方法 [M]. 洪汉鼎，译. 北京：商务印书馆，2010：57.
③ 汉斯-格奥尔格·伽达默尔. 诠释学Ⅱ：真理与方法 [M]. 洪汉鼎，译. 北京：商务印书馆，2010：62.

种陈述仅从其揭示的内容出发就可被把握。对一个流传给我们的句子的理解必然涉及历史思考，从这种思考中我们了解句子在何处和怎样被说出，它原来说出的背景和意义是什么。我们和传承物的交往不仅仅限于用历史重构来达成意义的理解。伽达默尔认为，语文学并不只是历史学，它同时也是一种认识真理的方法。理解过去就意味着倾听过去中曾作为有效的而说给我们听的东西。"对于诠释学来说，问题优先于陈述，就意味着自己询问要去理解的问题。把当前的视界和历史视界相融合就是历史精神科学的工作。"①

如果说海德格尔意义上的真理被归结为揭示状态和进行揭示的存在的话，伽达默尔的真理则是理解的真理。真理的时间性和历史性决定了真理只能在谈话双方的理解中展现。随着语言中心地位的凸显，对隐喻的研究也重新受到了重视。20世纪尤其是下半叶是隐喻研究的黄金时代，这不仅体现在哲学对隐喻的研究上，更体现在认知语言学对隐喻的关注上。隐喻显现出的对人类思维进行理解的中心地位在这一时期得到了确立。

二、认知视角下思维和语言的隐喻性

20世纪认知视角下对隐喻的研究使隐喻的核心地位逐渐显露出来。由互动论引发的对隐喻理论划时代的全新探讨始于修辞学家理查兹。理查兹认为，隐喻表达的是两个共现概念之间的互动形式，并在互动中产生一个新的意义。隐喻的本质是思维之间的借用，是语境之间的交易。理查兹彻底改变了前人在亚里士多德的隐喻观上形成的隐喻理论，他看到隐喻不仅是一种语言现象，同时也是人类思维的一种方式，他认为隐喻是人类语言无所不在的原理。前面在绪论中我们简要地提及了理查兹和布莱克在隐喻研究上的巨大贡献②，这里我们从两人给隐喻研究带来的全新变化层面进行阐述。

理查兹指出，在研究语言如何工作时，我们实际上是在探究人类思想、感情以及其他各种大脑活动是如何工作的、人类是如何生存的③。对使用隐喻的技能和思考的技能的反思不同于对这两种技能的使用。因为反思不是为了取代实践，而是为了保护我们这一自然技能不受粗糙理论的干扰，更重要的是帮助传授使用隐喻的能力。显然，这是理查兹对传统的修辞学发起的挑战。他批评亚里士多德关于"隐喻是天才的专利"这一观点，认为发现事物间相似性的

---

① 汉斯-格奥尔格·伽达默尔. 诠释学Ⅱ：真理与方法 [M]. 洪汉鼎，译. 北京：商务印书馆，2010：68.
② 详见第一章第二节.
③ IVOR A RICHARDS. The Philosophy of Rhetoric [M]. Oxford：Oxford University Press，1965：94.

能力人人都有，人的思维就是隐喻性的。理查兹给隐喻下了这样的定义："判定某词是否用了隐喻，可以通过确定它是否提供了一个本体和一个喻体，并在共同作用下产生了一种包容性的意义。如果我们无法分出本体和喻体，就可以暂时确定该词用的是原义；如果能分出至少两种互相作用的意义，那就说它是隐喻。"[1] 隐喻的意义来自喻体和本体的互相作用。生活在一个映射的世界里的我们，"只接受我们所给予的东西，语言中的隐喻和语言隐喻中意义的交换被强加在一个早就不自觉的隐喻产物的被感知的世界上"[2]。理查兹的隐喻理论从三个方面拓宽了理解隐喻本质的视野：把语言中的隐喻看成思想和行动的派生物；他的理论强调隐喻意义产生的方式和过程，把隐喻意义与语境密切地联系起来；同时把隐喻作为一种述谓现象，使我们得以从句子层次来理解隐喻的特点[3]。理查兹的理论为隐喻研究从语言现象转向认知现象开辟了道路。

虽然是理查兹最早提出的互动论，却是布莱克将此发展成为专门解释隐喻意义产生的理论。布莱克指出，我们的世界是从某一角度被描述的世界。因此，有些隐喻可以使我们看到现实的另外一些方面，而这些方面正是通过隐喻构成的。在第一章中，我们提到了布莱克互动理论中的"主题"和"副题"，主题为隐喻提供"框架"，副题则充当隐喻的"焦点"，副题同时也是"含义系统"。布莱克曾认为"系统"一词不够妥当，做了调整，转而使用"隐含复合体"（implicative complex）（但后来证明"系统"一词的使用更具有真正意义上的创新）。布莱克以 marriage is a zero-sum game（婚姻是一场零和游戏）对隐喻中的隐含复合体加以描述：

（G1）一场游戏是一场比赛；

（G2）在两个对手之间展开；

（G3）一方所赢正是另一方所输。

对有关 marriage 的可能陈述就取决于对"比赛""对手"和"赢"的理解。

下面列出三种可能性：

（M1）婚姻是一场持续的搏斗；

（M2）在两个参赛对手之间；

（M3）一方的回报（权利？金钱？满足？）是以对手失去这些作为代价的。

在上面隐含复合体的三个成分（G1、G2、G3）与关于婚姻的陈述（M1、

---

[1] IVOR A RICHARDS. The Philosophy of Rhetoric [M]. Oxford: Oxford University Press, 1965: 119.
[2] IVOR A RICHARDS. The Philosophy of Rhetoric [M]. Oxford: Oxford University Press, 1965: 108.
[3] 束定芳. 隐喻学研究 [M]. 上海：上海教育出版社, 2000: 158.

M2、M3）之间有着十分复杂的关系。G1 和 M1、G2 和 M2 的对应关系比较容易被理解，但 M3 中的回报和 G3 中的赢相比，显然是一种引申义，因为婚姻中的争吵往往并没有一般意义上的胜利。布莱克举此例是为了说明，要读出隐含的意义是困难的，因为我们无法对可能的解释做出限制，因此模糊性是隐喻隐含意义的必然产物。他通过对许多隐喻的观察，把隐含复合体与"主题"的关键词之间的意义关系做了五种分类：同一性（identity）、引申性（extension）、相似性（similarity）、可类推性（analogy）和隐喻结合性（即原隐喻隐含从属性隐喻）①。布莱克的这一分类扩大了隐喻仅仅作为名称转移的内涵，使隐喻与模型建立了联系。他认为，每一个由隐喻的"副题"支持的隐含复合体都给"主题"的特征赋予了一个模型，每个隐喻都是潜在模型的一角。就隐喻与现实的关系而言，隐喻之于诗歌语言就如模型之于语言。布莱克坚持认为，隐喻通过创造相似性而给我们提供了新的知识和洞见，因此隐喻具有认知意义上的创新功能。布莱克对互动理论的发展已经将隐喻从简单的语言现象变成了认识现象，为后来认知领域的隐喻研究开辟了道路。

莱考夫和约翰逊在《我们赖以生存的隐喻》中指出，我们日常的思维、经验和行事在很大程度上是隐喻性的。概念和行为的构建是隐喻性的，因而语言的构建也是隐喻性的②。莱考夫在这一观点上又提出了四种具有建构作用的映射原则③。后来，莱考夫和约翰逊在《体验哲学》一书中指出，隐喻提供了将主观经验领域用感知运动领域的约定性心理意象来描绘的途径，并提出了"基本隐喻综合理论"。该理论由四个部分组成：Johnson 的合并理论、Grady 的基本隐喻理论、Narayanan 的神经网络理论和 Fauconnier 的概念合成理论。该理论认为，由于生存方式的作用，人在生命的早期会自发地、无意识地获得一个庞大的基本隐喻系统，同时由于并存时期形成的神经联系而使用无数的基本隐喻进行思维④。基本隐喻综合理论强调感知运动经验对主观体验的结构作用，基本隐喻将主观体验和判断与感知运动经验结合起来。

无论是映射论还是概念合成理论以及后来被用于全面解释隐喻工作机制的基本隐喻综合理论，都是在摆脱科学认识论思想的进程中，看到了隐喻的认知

---

① MAX BLACK. More about metaphor [M] //ANDREW ORTONY. Metaphor and Thought. Cambridge：Cambridge University Press，1993：39.

② GEORGE LAKEOFF. Women, fire, and dangerous things：what categories reveal about the mind [M]. Chicago：The University of Chicago Press，1987：4.

③ 参见第一章第二节。

④ GEORGE LAKEOFF, MARK JOHNSON. Philosophy in the flesh — The embodied mind and its challenge to Western thought [M]. New York：Basic books，1999：46-59.

功能。基于认知视角对隐喻进行的研究，彻底打破了传统上认为的隐喻仅具有修辞学地位的观念。隐喻不再是语言的偏离现象，隐喻是人类思维、经验和行事的最基本方式，它具有认知功能，是人类把握世界的最原始、最基本的方式。莱考夫和约翰逊在对隐喻进行认知研究之后，提出了他们进行隐喻研究的非客观主义的哲学基础：体验哲学。在他们看来，要想证明隐喻具有表述真理的价值，就必须批判长达两千多年的传统隐喻理论的错误，消除其根深蒂固的影响。隐喻性特征并不局限于哲学思维，所有人类抽象思维，尤其是科学思维都是如此。它是我们理解我们的经验的最重要的方式。

从根本特征来说，认知视角下的隐喻观点充分肯定了人在建构自己的世界经验中的能动性，突出体现了人的生存所具有的首要意义。然而我们还需要看到，认知视角下的隐喻观依然带有认识论的建构色彩，即认为世界是通过我们的主观认识和体验而被认识的。这并没有从根本上彻底摆脱认识论的主客二分思想。

三、分析哲学视角下的隐喻

西方哲学界在19世纪和20世纪之交出现了哲学研究的语言学转向，这一转向的标志是分析哲学的诞生。所谓的分析哲学，是指通过语言分析进入传统哲学领域的哲学流派。分析哲学家用数理逻辑的方法对语言进行分析，通过语言的意义界定逻辑的基础和性质，试图以此找到超越物理的和心理的经验的新领域。

虽然分析哲学家们认为有意义的哲学活动只能是对语言进行分析，但是他们分析的目的各有不同，例如弗雷格是为了给数理逻辑找到本体论基础，罗素是为了对传统哲学进行根本改造，而维特根斯坦是要消除哲学问题[1]。罗素的一个重大贡献就是把逻辑分析应用于日常语言。他认为，"就真与伪都具有公共性质来说，它们是句子的属性，这些句子不是直陈语气就是虚拟语气或假定语气。"[2] "一个肯定的句子所表达的是一个信念；确定它的真伪的是一件事实，事实一般是和信念不同的。真和伪是对于外界的关系。这就是说，对于一个句子或一个信念所做的分析不能表明它的真和伪。"[3] 这里我们必须简要说明塔尔斯基的真理理论，因为他的理论影响了包括戴维森在内的诸多分析哲学家。在塔尔斯基看来，传统的真理概念充满了模棱两可的意味。因此，他的真

---

[1] 赵敦华. 现代西方哲学新编 [M]. 北京：北京大学出版社，2001：63.
[2] 罗素. 人类的知识 [M]. 张金言，译. 北京：商务印书馆，2010：136.
[3] 罗素. 人类的知识 [M]. 张金言，译. 北京：商务印书馆，2010：137.

理理论要对真句子做实质上适当、形式上正确的定义。① 塔尔斯基的真理定义对每个语句的真理性提出了充分且必要的条件，而提出语句的成真条件也就是给出语句的意义的一种方式。但塔尔斯基的真理定义是针对形式化语言提出的，这个定义不适用于自然语言，因为自然语言不具备这个定义所要求的"形式上正确"这个必要条件，而意义理论所涉及的却是自然语言。这一小节我们通过塞尔（J. R. Searle）和戴维森（D. Davison）分别从语用和语义角度对隐喻意义的逻辑分析，了解分析哲学视角下隐喻表述的特征。

塞尔在《隐喻》一文中详细地讨论了隐喻的表述是如何起作用的。也就是说，说者并没有说他们所指的，为何他们却能与听者交流呢？塞尔对这一问题的看法，区别于许多前人对这个问题的看法。他认为，解释隐喻如何发挥作用的问题就是解释说者意义和语句与语词意义如何分离这个一般问题的特殊情况。塞尔反对对语句做出字面的和隐喻的意义区分，他认为正确的区分是说者的表述意义和语词或语句意义的区分。在每一种情况下，语句相对于一个特殊的语境只决定一组确定的真值条件。塞尔认为，在讨论隐喻表述时必须记住三个特征："第一，在字面表述中说者意谓他所说的东西，也就是字面的语句意义和说者的表述意义是相同的；第二，一般来说，一个语句的字面意义只相对于一组不是语句语义内容之组成部分的背景假定来说才确定一组真值条件；第三，相似概念在对任何字面断定的阐释中起基本的作用。"② 塞尔阐发的这三个特征在于强调，根本不存在我们通常意义上的隐喻的意义，在说者的表述意义与字面的语句意义相同，而语句的字面意义超出语句语义内容的背景情况下，也只确定一组真值条件。相似性与隐喻的产生和理解相关，与隐喻的意义无关。因此，隐喻的断言不一定是关于相似性的断言。例如：当说者说"理查德是一个大猩猩（1）"，他的意思是"理查德是凶猛的、脾气不好的、爱用暴力的，等等（2）"。假定听者对（2）的推导是根据这个信念"大猩猩是凶猛的、脾气不好的、爱用暴力的，等等（3）"，听者将很容易推导出说者的意思。但假定生态学的调查表明，大猩猩根本就不是凶猛的和脾气不好的动物，而是害羞的敏感的动物，那么信念（3）就会被证实是假的，但这能说明说者所说的就是假的吗？当然不是，因为说者指的是（2），而且是关于理查

---

① ALFRED TARSKI. The Semantic Conception of Truth and the Foundations of Semantics [M] // A P MARTINICH. The Philosophy of Language. Oxford：OxfordUniversity Press，2008：87.
② 塞尔. 隐喻 [M]. //A. P. 马蒂尼奇. 语言哲学. 牟博，等译. 北京：商务印书馆，1998：809.

德的断言，不用考虑大猩猩的实际事实①。

塞尔认为隐喻理论必须阐明"S 是 P"并且又说明"S 是 R"是如何成为可能的。它通过 8 个原理用逻辑分析的方式逐一分析了 P 在不同的情况下与 R 构成关系，从而使"S 是 P"可以指"S 是 R"。塞尔对于隐喻的理解是从他的言语行为理论出发的，我们只有在排除系统意义后做出一系列的语用推理，才能准确理解他所说的意思。

在《隐喻的含意》(What Metaphors Mean)一文中，戴维森从语义的角度分析了隐喻的含意，虽然他的一些看法与塞尔是有差别的，但两人都一致认为隐喻方式下使用的语句并不具有一种隐喻意义。戴维森在文章中，通过对布莱克等人关于隐喻的理论的批判，来确立自己关于隐喻理论的肯定性的断言。他认为除了字面上的含义或意义之外，并不存在所谓的另外的含义或意义。不论隐喻是否依赖于新的或扩展出的意义，隐喻都以某种方式依赖语词的原有意义，对隐喻的适当解释必须让语词的原有意义或最初意义在隐喻环境下发挥积极的作用。戴维森还通过比较隐喻和明喻的差别来分析隐喻的含意。大多数隐喻语句都显然是假的，就如同一切明喻都是真的一样。一般来说，只有在一个语句被判定是假的情况下才可以把它看成一个隐喻，才会去寻找那种隐含的意义。戴维森批判了布莱克的互动理论。布莱克曾就对隐喻的释义失败做如是解说：对隐喻的释义不具有与原有意义的相同阐释力，严格的字面释义的相关弱点并不是因为冗长或太明确而令人厌烦，而是因为它没有给出隐喻所给出的那种见识。针对布莱克的这种说法，戴维森强调，明喻在没有假定具有除语词的表层意义之外的任何意义的情况下，也可以使我们思考深刻的思想，那为什么人们不求助于明喻的"特殊知识内容"呢？在戴维森看来，我们必须放弃认为隐喻带有一种信息，即它具有一种内容和意义的想法。他认为许多人坚持认为隐喻不同于平铺直叙的话语的原因在于，隐喻常常使我们注意到惊人的相似之处和类似之处。因此，戴维森认为，隐喻无非就是其所涉及的那些语词的含意，而非我们通常理解的具有隐喻的含意②。

塞尔和戴维森从不同的路径证明了必须要理解隐喻语句的严格字面意义，用隐喻方式使用的语句具有隐喻意义的说法是完全没有道理的。虽然他们的逻辑分析方法的确是具有科学性的，但是在认同他们的方法的同时，我们还是要

---

① 塞尔. 隐喻 [M] //A. P. 马蒂尼奇. 语言哲学. 牟博, 等译. 北京：商务印书馆, 1998：815-816.

② DONALD DAVISON. What metaphors mean [M] //SHELDON SACKS. On Metaphor. Chicago：University of Chicago Press, 1978：29-46.

对其分析的前提提出质疑，那就是严密的逻辑分析对于具有丰富内涵的隐喻的分析是否能够穷尽其在虚构中展现的意义的开放性？语句中的语词虽然也可以具有多种含义，但是语句中的语词的意义是相对固定的（字面意义），就好比是在一个巨大的语言封闭系统中的语词。虽然塞尔和戴维森也考虑了语言使用的语境问题，但是他们从根本上忽略了一个问题，那就是隐喻解释者的主体性问题。在隐喻的解释过程中，"解释者主体的百科全书式的社会文化格局发挥了功能"[1]。尝试用科学逻辑的方法来分析语言也许可以让我们了解我们如何依赖我们使用的语词的字面意义来表达，但是无法让我们了解作为历史传承物、饱含人类世界经验的隐喻所能够表达的丰富内涵及其所具有的创造性和开放性。

四、哲学视角下隐喻中心地位的确立

在20世纪，人们在科学哲学和诠释学领域对隐喻的研究确立了隐喻的中心地位。对于追求严谨性和逻辑性的科学语言来说，隐喻应该是清晰表达的敌人，它只能带来含混性和歧义性。然而正如我们前面提到的对科学隐喻的研究[2]充分证明了，隐喻不仅在科学语言中而且在科学理论的更替中发挥着不容忽视的作用。科学家在每一次新的探索中，都尝试对世界重新进行描述和理解，模型和隐喻的主观性、含混性在科学创新中带来了新的理论框架的开放性，从而使新的发现成为可能。从这种意义上来说，隐喻对于使用科学方法的科学来说具有不可替代的基础作用。海西在《科学中的模型与类比》中强调，"必须修改和完善科学说明的演绎模型并把理论说明看成对解释的对象领域的隐喻性描述"[3]。她明确指出了没有一种合理的方法以纯粹演绎的方式来完善符合规则并形成新的观察术语。对新的观察术语的预见需要对意义进行转换并将原始的观察性语言加以推广，这样便涉及对有待解释的事物的领域进行重新描述的问题。

利科指出，海西由模型使用提出的最终问题是隐喻的指称问题。"事物以某种仍有待说明的方式与模型的可描述性统一起来，有待解释的事物作为最终

---

[1] 翁贝尔托·埃科. 符号学与语言哲学 [M] //王天清，译. 天津：百花文艺出版社，2006：234.

[2] 参见第一章第二节。

[3] MARY B HESSE. Models and Analogies in Science [M]. Notre Dame：University of Notre Dame Press, 1966：171.

指称，本身因采用隐喻而改变。"① 因此，必须抛弃有待解释的事物其含义不变这一观念。利科在模型对隐喻的反作用中发现了隐喻的新特点：与模型相对的不是隐喻的陈述，而是"延伸的隐喻——故事（tale）、寓意（allegory）②，这与图尔明所说的模型的'系统展开'存在于隐喻的网络中而不是在孤立的隐喻中是一致的"③。利科进一步分析了隐喻网络的重要性，只有隐喻网络才会带有隐喻的指称功能。最能体现隐喻的网络特征。利科认为讨论模型的另外一个优点是，使启发功能与描述之间的联系突出出来。隐喻的网络特征是隐喻结构不断扩大的结构，也是隐喻得以产生的基础。当把隐喻仅仅看成"A是B"时，就切断了隐喻的网络特征。隐喻的网络特征体现在故事和寓意的陈述中。悲剧诗中神话与模仿之间的关系可以理解为模型理论中富有启发性的虚构与重新描述之间的关系。隐喻性不仅是陈述的特点，也是神话本身的特点。隐喻性就在于，根据一个为人们所了解的领域的虚构来描述一个不太为人所了解的领域——人的现实性，它在描述中充分利用了神话中"系统展开"的全部力量④。因此，当模仿被理解为重新描述的时候，它就不会造成困难的局面。按照海西的说法，模仿是"隐喻指称"的名称。

　　利科在《活的隐喻》一书中，在充分梳理认识论层面对隐喻的看法之后，最终走向对隐喻的本体论层面的诠释。利科对隐喻的修辞学功能和诗学功能进行了这样的总结：只有当虚构与重新描述之间的联系得以揭示之时，方能将诗歌的功能与修辞学的功能进行区分。第一种功能试图以启发性的虚构方式重新描述现实，而第二种功能试图通过给话语提供修饰来说服别人；隐喻在为诗歌功能服务时成了话语的一种策略，这种策略放弃了直接描述功能，以便达到发挥发现功能的神话层次。利科对隐喻的诠释表明，隐喻不仅具有修辞学的意义，而且具有认识论和本体论意义。语词与句子的关系不是简单的部分与整体的关系。隐喻需要在话语层次上进行理解。"隐喻不是涉及语词的简单转移，

---

① 保罗·利科. 活的隐喻 [M]. 汪堂家，译. 上海：上海译文出版社，2004：333.

② 为了通篇对概念翻译一致的需要，此处对 tale 和 allegory 的翻译没有采纳汪堂家在《活的隐喻》中的译文（寓言、讽喻），原因是：前文已将 fable（德语 fabel）译成"寓言"，为了区别 fable 和 tale，这里将 tale 译成"故事"。Tale 在古英语中为"故事（story），叙述（the action of telling）"之意，它的原始日耳曼语词源是言语（speech）。对 allegory 的翻译保持不变，仍为"寓意"。

③ PAUL RICOEUR. The Rule of Metaphor [M]. trans. ROBERT CZERNY. London：Routledge & Kegan Paul, 1978：287-288.

④ 保罗·利科. 活的隐喻 [M]. 汪堂家，译. 上海：上海译文出版社，2004：336.

而是思想之间的交流,即语境之间的和解。"① 隐喻在字面解释与隐喻解释之间的张力中创造新的意义,并能够指称语词之外的"世界"。利科通过他的隐喻诠释学与柯亨、保罗·德曼、哈利斯和哥德曼等人一起达成了一种共识:诗歌语言与科学语言都涉及存在,只不过前者是以不同于后者的方式涉及存在。对于利科而言,不仅仅是诗歌,几乎所有的文学文本都涉及作品所确立的世界。

本书从生存论视域对隐喻和真理问题的探究就是要在本体论—存在论意义上确立隐喻的中心地位,即隐喻是作为无蔽之真理的显现。生存论视域下的这一观点解决了科学认识论视角下对隐喻的矛盾认识。作为语言始源性特征的隐喻,它揭示的是存在之真理(源始的真理)而不是认识的真理。隐喻的真不依赖事实的真,而是依赖言说的境域,即依赖于人们充分的生活实践所给予的价值取向和标准。隐喻是在理解和解释中展现的,而不是命题中固定存在的东西。传统的固有真理不过是我们心目中的幻象,隐喻的真理恰恰反映了真理概念的时间性和历史性。

本章通过对隐喻历史地位变迁的梳理发现,隐喻地位的变迁无不与时代真理观相联系。本章将隐喻的历史地位变迁分为三个阶段:繁荣阶段、萧条阶段和焦点阶段。这三个阶段对隐喻的认识反映了时代的现实需求和具有时代特色的真理观。

从古希腊到中世纪虽然是隐喻的繁荣阶段,但由于对确定性真理的追求,隐喻的地位也只能停留在修辞学和诗学领域。这一时期,由于城邦政治、共和政体和宗教信仰的需要,隐喻成为社会生活中非常重要的表达手段。古希腊的柏拉图、亚里士多德和西塞罗构成了对隐喻看法的两个阵营:柏拉图的贬斥与亚里士多德和西塞罗的赞扬。柏拉图对隐喻的贬斥更多的是对诡辩派为达到目的而滥用修辞的痛恨。在柏拉图看来,隐喻是远离真理(理念)的,因为它仅仅是模仿。亚里士多德的隐喻观,与其说是他对隐喻的赞扬,毋宁说他的"隐喻是名称转移"的观点更恰当。西塞罗的"修辞学是最高的美德"的观点从根本上讲是看到了修辞的社会和文化功能。中世纪的阿奎那为了在理性基础上建立神哲学体系,通过类比而不是隐喻来解决存在概念的模糊性问题(尽管在比例性类比转向因果类比时,隐喻不可避免地被使用)。这一时期虽然隐喻处于事实上的繁荣阶段,但是由于对确定性真理的追求,隐喻的地位被局限在修辞学和诗学领域,它仅仅被作为一种表达的手段而已。

---

① 保罗·利科. 活的隐喻[M]. 汪堂家,译. 上海:上海译文出版社,2004:109.

从笛卡尔开始，近代科学对方法论和认识论的重视从根本上改变了人们对语言的看法。隐喻成了不能带来科学知识的语言，因而也就是具有欺骗性的语言。科学方法论和认识论对语言精确性的要求最终导致了隐喻的急剧退场。然而，康德和黑格尔还是看到了隐喻在概念表达中所具有的重要意义，但是他们都无法摆脱各自哲学体系中理性的先验性，隐喻的工具性地位并没有得到实质性的改变。

19世纪末近代科学的迅猛发展给人类带来了巨大的生存危机，这一危机让人们重新反思确定性的真理观究竟意味着什么。对确定性真理的反思带来了对人类生存问题的思考，为此，哲学上出现了"语言学转向"。同时，在科学哲学内部，由于自然科学研究对象不断向宇观和微观拓展，以及科学理论的不断更替，隐喻在科学语言和科学理论中的基础性地位逐渐显现。对真理的重新认识带来了对隐喻研究的巨大变化，隐喻的中心地位凸显出来。认知科学认为人的思维和语言都是隐喻性的，并认为隐喻是我们理解我们的经验的最重要方式。隐喻不再被科学语言排除在外，而是具有对有待解释的事物的领域进行重新描述的能力。在诠释学的隐喻研究中，隐喻已经具有了本体论的重要意义。

第五章 意义世界：隐喻构造的"现实"

在本章中，我们将深入探讨隐喻、真理与世界的关系问题。在海德格尔看来，看似不值得一提的"世界"概念是此在的基本结构要素。世界是一个在生存论—存在论层面的概念，而非一个客观存在。而真理作为进行揭示的存在，在此在的理解中得以实现，真理指向的是"意义世界"。而隐喻作为源始的存在经验和真理经验，通过对存在的揭示，构造了我们的世界经验，也构造了意义世界，这也构成了我们的"现实"。

第一节 从存在之真理到意义世界

在这一部分里，我们首先将论证：世界作为此在的基本结构要素意味着，此在本质上是与世界一起展现的，因此在此在中被揭示的存在（即真理）就具有世界性。进行揭示的存在通过理解得以实现，而在真理被揭示的过程中，真理指向的是意义世界。意义世界实际上是通过语言来展现的，因此意义世界具有语言性。

一、世界作为此在的基本结构要素

胡塞尔和海德格尔都对世界概念进行了重新考察。胡塞尔认为世界不仅仅是自然观点中所理解的世界，它也与世界的主观给予方式相关联。"生活世界（Lebenswelt）"概念的提出，突出强调了世界之作为（主观的）周围世界，作为体验世界的内涵。在我们通过知觉对世界不断地进行认识的过程中，我们同时与其他人有联系。虽然每个人都拥有自己的当前个别化活动以及自己的经验，但是在生活世界中，在这种共同生活中，"世界不仅是为个别化了的人而存在，而且是为了人类共同体而存在，更确切地说，通过将直接与知觉有关的东西共同化而存在"①。在共同化过程中，人通过相互理解，个体的体验会与他人的体验发生关联，相互修正，从而产生一种主体间的统一。生活世界的概念是与客观主义相对立的，它不是固定不变的，而是活动的并具有时间性。伽达默尔认为胡塞尔的生活世界是一个历史性概念，这概念不是指一个存在宇宙，即"存在着的世界"②。胡塞尔的意图是不把主体性看成客体性的对立面，他认为在主体和客体之间的关系是最重要的。

　　胡塞尔通过前科学的"生活世界"概念，揭示了世界并不仅仅是自然观点中所理解的世界，它也与世界的主观给予方式相关联。他强调生活世界的整体性。生活世界作为一切认识的基础，具有奠基性特征。无论是自然科学还是精神科学都植根于这个生活世界。海德格尔认为，胡塞尔的现象学方法仍然是一种理论的方法，是并不能真正把握生命本身的。语言在胡塞尔的现象学中虽然占有特殊的地位，但语言仅是比直观认识行为（感知和想象）更高的行为而已③。伽达默尔认为尽管胡塞尔有着生活世界的转向，但语言仍是一直被他忽视的。海德格尔突破了胡塞尔对语言的认识，把理解由精神科学的方法论提升为此在本体论的生存性。海德格尔在希腊哲学语言的原始性中，"使'语言'在对其生活世界基础的整个直观能力中逐渐扩散，并在胡塞尔现象学精致的描述艺术中发挥巨大的作用"④。

　　海德格尔在《存在与时间》的第三章详细地论述了世界概念，并强调此在在世界之中，理解"在世此在"的关键就是要理解世界概念本身。而要想理解世界，就必须理解世界性（Weltlichkeit）。海德格尔说："世界性是一个存在论概念，是指在世界中存在的一个构造性要素的结构。而我们把在世看成此在的生存论规定。因此，世界性作为此在的一个构造要素的结构，本身就是一个生存论要素。"⑤ 海德格尔强调，只有理解了世界这个结构要素，才能更好地理解在世此在。也许我们会问，有必要提出世界是什么这个问题吗？把"世界"描述成现象意味着什么？在现象学意义上的现象并不是指存在者，而

---

① 胡塞尔. 欧洲科学的危机与超越论的现象学 [M]. 王炳文，译. 北京：商务印书馆，2001：200.

② 汉斯-格奥尔格·伽达默尔. 诠释学Ⅰ：真理与方法 [M]. 洪汉鼎，译. 北京：商务印书馆，2010：352.

③ 倪梁康. 现象学的始基：胡塞尔《逻辑研究》释要 [M]. 北京：中国人民大学出版社，2009：27.

④ 汉斯-格奥尔格·伽达默尔. 诠释学Ⅱ：真理与方法 [M]. 洪汉鼎，译. 北京：商务印书馆，2010：455.

⑤ MARTIN HEIDEGGER. Being and Time [M]. trans. JOAN STAMBAUGH. Albany: State University of New York Press, 1996: 64.

是指存在和存在结构,因此世界现象就是存在现象。但世界现象不是一般存在的现象,而是此在存在的现象。

海德格尔列举了四种关于"世界"的概念,以便澄清存在论意义上的世界概念。第一种概念是在存在者层次上的概念,指能够现成存在于世界内的所有存在者,即世界上所有事物的总和。第二种概念是在第一种概念的基础上的,是指世界上所有存在者的存在。也就是说,世界可以是包容各种存在者在内的名称。如:当我们说数学家的"世界"时,世界是指数学的可能对象的领域。第三种概念不同于前两种,它虽然也是指在存在者层面来理解的世界,但是指一个事实的此在作为此在"生活"于其中的那个世界。这个意义上的世界具有先于存在论的生存上的含义,因此世界可以指公共的世界、自己的世界和切近的周围世界。第四种概念是"指存在论和生存论的世界性概念。世界性本身就是一个生存论—存在论结构,所以世界性本身可以变为一些特殊'世界'的各种整体结构,但本身包含了一般世界性的先天性"①。

海德格尔曾在《逻辑的形而上学开端基础》中对世界概念的历史做了简要的回顾。世界(kosmos)在古希腊语中并不指现成存在者本身,或是所有存在者的总和,而是"状态"的意思,是指存在方式。存在者总是同样的存在者,但是它的存在状态、它的世界可以是不同的。海德格尔很早(1918—1923年)就使用welten②这个动词来表示作为世界的存在是如何的,他意在强调世界的动态性。在奥古斯丁那里,拉丁文"世界"(mundus)一词指全体被造物。但mundus常常被用来指世界上安顿自己的人,而"安顿"有时指人们通过思想观念来安顿自己。因此,世界是所有存在者以某种情况在之中和为它而展示自己。在阿奎那那里,"世界"与"宇宙"同义,也与"世俗"同义,这样也就与精神相对。康德对世界概念的论述总括起来是:世界不只是作为一个存在者层次的现成存在者的确定的全体,它的普遍性是通过内在可能性的整体来规定的。康德由此超越了存在者层次的世界概念,提出了一个先验的概念。

在海德格尔看来,这些在他之前的存在论都忽略了此在在世的这种状况,也就是忽略了世界性的现象。在近代,物理学对世界的认识,就是理论认识世界的样式。这种认识虽然也是此在某种在世存在的方式,但是这种认识具有去世界化(忽视世界现象)的特征。"所谓的'去世界化',是说我们最初的知

---

① 张汝伦.《存在与时间》释义:第一卷[M].上海:上海人民出版社,2012:252.
② welten 的词根 Welt 在德语中是名词,意为"世界"。

识都掺杂了人文世界的因素，所有的存在者首先在这个人文世界的境域中开显。"① 事实上，近代自然科学对存在者的认识，首先都排除了人文世界因素的认识，而仅限于知识的层面。举个例子来说明这一特点。比如，诗句"春眠不觉晓，处处闻啼鸟。夜来风雨声，花落知多少"——在自然科学看来，雨后清晨的春景图绝对不是知识；而如果说花是一种植物，鸟是一种动物，这就是知识。因此，对于自然科学而言，只有排除最初含有的世界（意义）因素，才能成为理论的知识。而这样理解的自然不过是与我们相遇的存在者的存在结构的范畴，本身仍然是存在者，不可能使世界性得到理解。

此在本质上包括在世界中存在。海德格尔对此在在世的强调，是反对胡塞尔的意向性仅仅局限于理论态度，他认为在世界存在的思想应当扩展到日常实践中，让它成为人的基本存在方式。对人来说，最切近的不是理论活动，而是日常活动，其结构性概念是周围世界。因此，最切近的与我们相遇的是日常活动中与我们发生关系的对象。这就是此在与世内存在者相遇的方式。我们与存在者最切近的联系不是知觉认识，而是操劳。这种操劳不可被简单地理解为实践活动，它是指日常实践活动的存在方式或存在结构。用现象学的方法来认识事物，是完全不同于传统哲学所说对事物的性质的认识的。与其说认识，倒不如说是解释。现象学的方法不是要认识事物的存在者层面的性质，而是要对存在者的存在进行解释。在我们日常与事物打交道即用事物做事时，事物并不是作为全然未知的事物与我们相遇的，我们总是已经对它的存在有所理解和解释了。现象学对存在的分析，不是一种理论活动，而是在明确地进行属于此在的存在理解。

此在在世界之中意味着，对存在者进行生存论分析，就必须以它某种特定存在方式作为分析的前主题和前现象，因为我们无法拒绝操劳中所遇存在者的源始性。而传统的认识论对事物存在的分析则恰恰脱离了此在（人的存在方式）来看待事物。从生存论—存在论意义上说，"'世界'本质上是与此在的存在一起展现的；'世界'也已经和世界一起被揭示了。世界作为此在的展示性展现各种存在方式，其中就包括世内存在者的'世界'"②。世界性是作为此在的一个重要的构造要素，而这个构造性要素就是意义。世界是一个意义领域，具体事物的意义并不是在孤立中被赋予的，而是在一个相互影响、相互作用的意义参照整体中构成的，而世界性就是这个构成意义的参照总体，也可以

---

① 张汝伦.《存在与时间》释义：第一卷 [M]. 上海：上海人民出版社，2012：261.
② 张汝伦.《存在与时间》释义：第二卷 [M]. 上海：上海人民出版社，2012：624.

是意义的整体性境域。此在总是在意义的整体性境域中去把握与其相遇的世内存在者,并在这种把握中使世界展现新的存在方式。

二、存在之真理指向理解的意义世界

传统意义上的真理概念实际上被确定性所束缚,只能说是认识论意义上的真理,即对世内存在者(一般事物)的属性的把握。在《存在与时间》里,海德格尔对近代哲学创始人笛卡尔"我思故我在"的分析中指出,笛卡尔虽然肯定了自我认识在起源上的优先性,但是没有给自我存在确定存在的样式。这样,自我实际上是受客体存在的样式支配的。因此,人在事实上陷入了世内存在者的存在样式,从而形成了以物的存在样式来理解人的存在。海德格尔认为,笛卡尔的错误在于没有考虑世界现象,而仅仅考虑现成事物的实体性。科学的真理的确让我们可以从成见中解放出来,它要求对未经证明的成见提出问题,并用这种方法使我们对事物的认识不断深入。与此同时,我们对科学方法的依赖使我们不断地把这种方法推广到越来越大的范围。这样的无限扩大最终使我们走向了生存危机。

诠释学视域下的真理观摆脱了传统真理观对确定性的追求,而把此在这个与众不同的存在者放在了突出的位置上。真理与此在密切相关,真理并不是对某个固定不变的确定性存在的追求,而是揭示状态,是对存在的揭示。此在的存在就是揭示,人作为此在,他的基本存在方式就是理解。此在正是存在被揭示和理解的地方。

海德格尔认为,此在通过两种方式意识到它在世界之中。一种是生存情态,一种是理解。"生存情态是一种生存论结构,'此'之存在就居留在那里。理解同样也是如此,它和生存情态一起同样源始地构成了此的存在。"[①] 理解虽然可以有认识方式的意义,但是必须是源始的理解的衍生物,因为源始理解与生存情态一起构成了此之存在。此在的存在展示就是理解。而"理解的展示就像'为此之故'和意义总体的展示一样源始地涉及整个在世存在。世界本身在意义总体的基础上展示。为此之故和意义总体在此在中展示……"[②]《存在与时间》主要讨论的是生存论意义上的可能性,而存在论意义上的可能性并不意味着随意的可能性。"此在本质上是现身的此在,它向来已经陷入某

---

① 张汝伦.《存在与时间》释义:第二卷[M].上海:上海人民出版社,2012:475.
② 张汝伦.《存在与时间》释义:第二卷[M].上海:上海人民出版社,2012:258.

些可能性此在是委托给它自身的可能之在，是彻头彻尾被抛的可能性。"① 此在的可能性不同于通常与现实性对立的可能性，它是此在最原始的存在论规定。因为此在不是一个已经完成的存在者，它正在存在，所以，可能性是最现实的。理解正是这样一种能在的存在。理解在本质上不是现成的东西，但是作为能在与此在在生存的意义上"存在"。真理作为揭示状态或进行揭示的存在，也必然在理解中实现。理解作为展开活动又总是涉及"在世界之中存在"的整个意义总体的建构。

真理到底是什么？我们不能用科学定义的方法来回答这个问题。海德格尔说真理是可揭蔽性，真理是与人一起发生的事件。这一事件的发生带来的结果是什么？回答：存在被揭示。这种回答让我们陷入了一种死循环。伴随着存在的揭示，作为此在的我们又有什么变化？

存在的揭示是在此在的理解中得以实现的，那么真理指向的不是别的东西而是意义世界。首先，"真理"一词本身就是一个模糊不清的概念。"真理"一词由于长期以来与科学相关联，从某种意义上说已经成了科学真理的代名词。普遍的观点都会把真理理解为具有可验证性的命题或判断，虽然生存论意义上的真理观完全不同于这一断言。说真理指向意义世界可以摆脱真理是命题或判断的片面性，突出了真理具有的世界之维。

揭示活动本身作为生存论—存在论的基础，意味着揭示活动是在世的一种方式。此在的揭示活动是通过理解实现的，正如伽达默尔所言："在共同生活中向我们显现的、包容一切东西的并且我们的相互理解所指向的正是世界。"② 在理解中被揭示的存在就是向我们展现的意义世界。提出真理指向意义世界可以让我们不囿于科学真理所规定的客观存在物的世界，从而真正返回到生活世界（Lebenswelt）中。在生活世界中，我们的理解是前科学的、前理论的，这种理解不是知识层面的，而是我们取得认识或知识之前的经验，经验乃是我们与世界的真正照面。意义世界作为生存论—存在论意义上的概念，是此在的存在展示，它并不是一个现成存在的世界，而是一个能在的存在。意义世界不是一个固定的、不变的存在。

意义世界是由此在揭示并展示的，它受此在的生存论结构规定。此在首先被投入一个世界，一个体现了展示性的意义世界。这就是说，此在是根据它的

---

① 马丁·海德格尔. 存在与时间 [M]. 陈嘉映，王庆节，译. 北京：生活·读书·新知三联书店，2011：168.
② 汉斯-格奥尔格·伽达默尔. 诠释学Ⅰ：真理与方法 [M]. 洪汉鼎，译. 北京：商务印书馆，2010：628.

世界来理解的,"理解可以是本已的,也可以是非本已的"①。但非本已的理解也不是意味着此在与自己断绝,理解的实行都有真和不真的可能。本已的理解和非本已的理解并不排斥,因为理解总是与作为在世存在的此在的展示相关的。此在的生存理解本身就是对世界的理解,在理解世界中,此在也一起被理解了。

伽达默尔通过分析精神科学的真理让我们进一步理解了存在之真理的意义构成的历史性特征。在精神科学研究领域中,科学不因为方法论而保证其真理性。"精神科学通过研究和理解进入历史的宽广领域,虽说它由此扩展了人类关于整个过去的精神视界,但当代的真理追求不仅不会因此而得到满足,而且它本身也成为思考的对象。精神科学所构造的历史意义带来了一种适应可变标准的习惯,而这习惯由于使用各自的标准而导致了不确定性。"② 精神科学的特殊性就在于它的合理性和先见之明的优势。凡是属于记忆、想象、机敏、艺术的敏感和世界经验的东西,都是与自然科学工作相距甚远的工具,但它们是在精神科学中发挥作用的工具,只有通过进入到人类历史巨大的传承物中,这些工具才能得到增长。我们历史地认识的东西归根结底就是我们自己,精神科学的认识总是带有某种自我认识,而在自我认识中更能达到对人的存在的深刻洞见。在精神科学中,从历史传承物中听出的并不只是我们自己,同时还能使我们经验到一种推动,从而使我们能够超越自我。

在伽达默尔看来,历史客观主义通过其批判方法从根本上消除了与过去历史实际接触的任意性和随意性。但历史意识应当意识到,在它用于指向作品或传承物的所谓的直接性中,还经常包括另一种探究。当我们力图从具有根本性意义的历史距离出发去理解某个历史现象时,我们总是已经受到效果历史的种种影响。效果历史意识首先是对诠释学处境的意识。因为处境并不处于我们的对面,因此要获得处境的意识并非一件容易的事。我们总是发现自己已经处于某个处境中,对这种处境的阐释就是进行效果历史的反思。效果历史反思的不可完成性不是在于缺乏反思,而是在于我们自身作为历史存在的本质。"所谓历史地存在,就是说,永远不能进行自我认识。一切自我认识都是从历史地先给定的东西开始的,这种在先给定的东西,我们可以用黑格尔的术语称之为'实体',因为它是一切主观见解和主观态度的基础,从而它也就规定和限定

---

① 张汝伦.《存在与时间》释义:第二卷[M].上海:上海人民出版社,2012:484.
② 汉斯-格奥尔格·伽达默尔.诠释学Ⅱ:真理与方法[M].洪汉鼎,译.北京:商务印书馆,2010:47.

了在传承物的历史他在中去理解传承物的一切可能性。"① 哲学诠释学正是从这一点出发才具有了在一切主观性中揭示那规定它们的实体性。处境概念表现了一种限制视觉可能性的立足点。因此视域概念本质上是属于处境概念的。视域就是观看的区域，这个区域囊括和包容了从某个立足点出发所能看到的一切。"具有视域"意味着不局限于近在咫尺的东西，而能够超出这些东西向外去观看。"诠释学处境的作用就意味着对于那些我们面对传承物而向自己提出的问题赢得一种正确的问题视域。"②

当我们的历史意识置身于各种历史视域中，并不是说我们走进了一个与我们自身世界毫无关系的世界，而是说这些视域共同地形成了一个自内而运动的大视域，这个大视域超出现在的界限而包容着我们自我意识的历史深度。事实上，我们的历史意识所指向的我们自己的和异己的过去一起构成了这个运动的视域。理解一种传统无疑需要一种历史视域。理解活动需要自身置入一种处境，也就是必须把自身一起带到某个其他的处境中。例如：我们把自己置身于他人的处境中，我们才会理解他，也就是说我们只有把自己置入他人的不可消解的个性，才能真正意识到他的处境。自身置入既不是一个个性移入到另一个个性中，也不是使另一个人受制于我们自己的标准，而是向一个更高的普遍性的提升，这种普遍性是在克服我们和他人的个别性中达成的。"理解其实总是这样一些被误认为是独自存在的视域的融合过程。"③ 实际上没有过去，现在视域就根本不能形成，不存在所谓的历史视域和现在视域的自为存在。视域融合不仅是历时性的，也是共时性的。在视域融合中，历史和现在、客体和主体、自我和他人构成了一个无限的统一整体，在理解过程中产生一种真正的视域融合，这种视域融合随着历史视域的筹划而同时消除了。

伽达默尔的哲学诠释学将真理问题扩大到了精神科学里的理解问题，而在精神科学里所进行的理解本质上是一种历史性的理解，也就是说，仅当文本每次都以不同方式被理解时，文本才可以说得到了理解。理解是一种以逗留于某个传统进程中为前提的活动，理解本身表明自己是一个事件。理解总是对自我的理解，也是对意义世界的理解，意义世界展现的是此在对世界的理解，而这

---

① 汉斯-格奥尔格·伽达默尔. 诠释学Ⅰ：真理与方法 [M]. 洪汉鼎, 译. 北京：商务印书馆, 2010：427.
② 汉斯-格奥尔格·伽达默尔. 诠释学Ⅰ：真理与方法 [M]. 洪汉鼎, 译. 北京：商务印书馆, 2010：428.
③ 汉斯-格奥尔格·伽达默尔. 诠释学Ⅰ：真理与方法 [M]. 洪汉鼎, 译. 北京：商务印书馆, 2010：433.

种理解只能在语言中得到实现。

三、意义世界的语言性

在本节的第一部分我们提到了胡塞尔的生活世界概念。胡塞尔认为先于科学和哲学产生的生活世界处于核心地位。在科学和哲学产生之后，那个生活世界依然存在，它本身没有改变，仅仅改变了一套对生活世界的描述方式。胡塞尔说："这个实际地直觉到的、被经验到和可被经验到的世界（我们整个实践生活是在这个世界上发生的）在它自己的本质结构和它自己的具体的因果样式方面总是依然如故，不管我们进行技术化或不进行技术化。"①

梅洛—庞蒂赞同胡塞尔关于生活世界的观点，但他着重从知觉现象学的角度加以论证。在他看来，知觉领域是人与世界发生原始的、朴素的接触的领域。所谓"知觉"，主要指主体对世界的视觉，知觉的世界就是人们所看到的世界。知觉领域是生活世界的领域，是人类的全部生活的基础，也是人类的一切知识的前提。与胡塞尔不同的是，梅洛—庞蒂侧重于从文化和历史的角度考察语言与社会的关系。如果我说的语言本质上不是一种"主观"现象，那么我生活在一个不由我个人创造的而是与别人共享的符号世界之中。语言是与我的个人生活十分紧密地混杂在一起的，没有什么东西比语言更加显示出我对其他人的依赖性，显示出我的个人生活沉浸于社会的普遍生活之中。从语言的角度看，我的生活对我来说既是绝对个人的，又是绝对普遍的。语言不是任何个人创造的，它是主体对被感知的世界的一种超越。语言一方面只有通过说话主体才能存在，另一方面又不是说话主体所创造的。语言所具有的这种超越性，类似于历史所具有的超越性，即历史只有通过人才能存在，但它又超越了人，历史是人们赖以形成的环境，人生活于历史之中。语言表达主体在意义世界中采取的立场，更确切地说，语言就是这种立场本身。在此，"'世界'一词不是一种说法，而是意味着有'精神的'或文化的生活从自然的生活中获得了其结构，意味着有思维能力的主体必须建立在具体化的主体之上。在会说话的主体和听会说话的主体的主体看来，语言动作实现了某种体验的结构，某种生存的变化，正如我的身体的行为为我和为他人把某种意义赋予在我周围的物体。"②梅洛—庞蒂对作为表达和言语的身体的论述表明了意义世界的语言性。

维特根斯坦在《哲学研究》中探讨了语言与生活形式的关系。在他看来，

---

① 胡塞尔. 欧洲科学的危机与超越论的现象学 [M]. 王炳文，译. 北京：商务印书馆，2001：60-61.
② 莫里斯·梅洛—庞蒂. 知觉现象学 [M]. 姜志辉，译. 北京：商务印书馆，2001：251.

语言或语言活动才是最重要的生活形式。维特根斯坦指出："很容易想象一种只由战场上的命令和报告组成的语言。还可以想象无数种其他语言——想象一种语言就意味着想象一种生活方式。"① 他还用"语言游戏"一词来强调语言的说出是活动的一部分，或是生活形式的一部分。在维特根斯坦看来，语言是人们用来在相互之间传递信息的手段，它是一种活动，而且是人的全部活动中的一个重要组成部分。他认为，语言游戏和生活形式这两者是密切相连的，但并不是等同的。语言游戏是生活形式的主要内容，但不是生活形式的全部内容。维特根斯坦对语言的论述再次强调了语言与生活形式的密切联系。

在伽达默尔看来，语言和世界的关系不是我们通常意义上所理解的人用语言来表达对世界的认识，即语言与世界是分离的。真正的语言与世界的关系是：语言就是世界经验。他明确指出："语言并非只是一种生活在世界上的人类所适于使用的装备，相反，以语言作为基础，并在语言中得以表现的是，人拥有世界。世界就是对于人而存在的世界，而不是对于其他生物而存在的世界，尽管它们也存在于世界之中。"② 世界之所以为世界，正是因为它是用语言表述的，而语言的根本此在也是由于世界在语言中得到表述。语言的原始人类性同时也意味着人类在世存在的原始语言性。语言的起源与人类的起源一致，语言不是人的拥有物，也不是被给予人的，语言是人之所以为人的本质结构。意义世界作为此在对世界的理解，也是人的世界经验，因此意义世界具有语言性。

洪堡特认为："语言之所以为世界观，并不仅仅是因为它必须与广阔的世界相对应，只有通过它才能把握每一概念，而且也是因为语言导致对象发生转变，从而使精神得以认识到自身与世界的观念不可分割的内在联系。"③ 语言需要把现实带给感官和感知的印象，只有这样，事物才有可能与体现着世界关系的观念建立起联系。洪堡特强调语言不是创造物，而是创造活动或创造过程。在他看来，按音节发音这个活动本身是一种想象活动，它与艺术品一样是无法解释的。他认为不能把语言的形成理解为一种理性的活动，因为这意味着语言的形成具有其目的性和意向性。然而在创造性的发音活动的瞬息间是不可能有目的性和意向性的。洪堡特认为，因为语言超出它在瞬间所应用的内容，

---

① 维特根斯坦. 哲学研究 [M]. 汤潮，范光棣，译. 北京：生活·读书·新知三联书店，1992：15.
② 汉斯-格奥尔格·伽达默尔. 诠释学Ⅰ：真理与方法 [M]. 洪汉鼎，译. 北京：商务印书馆，2010：623.
③ 威廉·冯·洪堡特. 洪堡特语言哲学文集 [M]. 姚小平，译. 北京：商务印书馆，2011：339.

语言能够对有限手段进行无限的使用。洪堡特的这一看法容易导致把语言看成形式手段的工具论观点，即把世界认为是一物而语言是另一物，而且两者相互关联的观点。但伽达默尔在洪堡特的语言形式的观点中看到了一种抽象，即语言形式与传承内容应当是不可分离的。这说明了语言从根本上说不是作为一种确定的语言类型，而是由这种语言中所述说的内容而流传下来的。如果没有形式与内容的分离，语言的融合就是世界的融合。话语与人同在，也就与世界同在，因为世界通过语言来表述。

伽达默尔认为要拥有世界就是要与世界向我们涌来的相遇物保持距离，就是要超越世界之压力的自由。动物并不具有这样的超越自由，因为动物被置于它们的环境之中，而人类拥有语言，所以具有超越的能力。人总是能够超越它的环境，而通过讲话把世界表达出来，这种超越并不是要离开环境，而是以另一种态度来对待环境，而这种自由的、保持距离的行动，就是一种语言的过程。拥有世界是通过拥有语言来实现的，而语言只有在相互理解中才有其存在的根本。伽达默尔认为，相互理解并不是纯粹的为了实现目的的活动，而是"一种生活过程（Lebensvorgang），在这种生活过程中生活着一个生命共同体。……人类的语言就'世界'可以在语言性的相互理解中显现出来而言，必须被当成一种特别的、独特的生活过程"[①]。语言性的相互理解把世界显现出来，虽然我们从未踏上它，却能够认可它，世界也同时把相互理解的人联结在一起。语言的本质乃是谈话的语言，即语言的本质体现在它的使用中，语言只有在相互理解的过程中才能构成自己的现实性。

既然说语言就是世界观，是不是意味着在历史过程中相互分离的历史"世界"是完全不同的世界呢？其实不然。伽达默尔认为，不管是在怎样的传承物中，表现自己的总是一种人类的世界，即由语言构成的世界。每一个由语言构成的世界都从自身出发对一切可能的观点保持开放，并向其他世界开放。在一种语言世界生活，事实上包含了能使我们的观点得到扩展的一切。正如我们虽然已经知道地球在围绕着太阳转，但我们依然还可以说"太阳落山了"。这两者之间并不构成矛盾，因为在理智世界的另外一面，"太阳落山了"是一种实在的现象。这里我们可以看出语言在多层次的说话关系中起着调解的作用。科学的真理本身也只是相对于某种确定的世界定向，而不能要求把自己称为整体的真理。而恰恰是在语言整体中，科学有其合法性，同时也为一切可能

[①] 汉斯-格奥尔格·伽达默尔. 诠释学Ⅰ：真理与方法 [M]. 洪汉鼎，译. 北京：商务印书馆，2010：628.

的世界经验留下了属于自己的合法性。因此,"世界本身是在语言中得到表现的,语言的世界经验是'绝对的'"①。世界经验的语言性并不意味着世界变成了语言的对象,因为一切陈述和认识的对象总是又被语言的世界视域所包围。

这样我们就从总体上论述了语言是世界经验,世界只能在语言中得到表现。作为此在对世界的理解的意义世界必然是语言性的。此在在世界中的存在就是揭示,人作为此在,他的基本存在方式就是理解。真理作为进行揭示的存在是在此在的理解中实现的。而这种理解一般是在谈话中的相互理解和相互作用的过程中产生的。在理解中被揭示的存在指向意义世界,而意义世界通过语言才能得以显现。

第二节 隐喻构造的意义世界

作为具有源始性特征的隐喻,由于发端于人类语言经验的原点,因此用在其后形成的纯粹理性和科学方法来审视隐喻必然带来早已预设的结果。在这一部分中我们将从隐喻作为语言的源始性谈起,在诠释学意义上论证隐喻使意义世界显现并构造意义世界,而这并不意味着隐喻成为此在的手段,隐喻作为话语与此在共在,而此在通过隐喻获得世界经验。

一、隐喻作为源始的世界经验

对隐喻的探讨应当从隐喻作为语言的源始性出发。在"悬置"科学成见、认识人文科学中做出巨大贡献的第一人当属维柯。他在《新科学》中构建了一门关于人的新科学,该书采用了不同于绝对理性的方法论。《新科学》中所使用的方法论前提是:所研究的题材或内容从哪里起,学说或理论也就从哪里起。维柯的新科学标志着关于历史的哲学和科学思维开始成熟,并用诗性逻辑来解释作为文化生成的普遍规范意义。维柯从诗性智慧中看出各种技艺和科学的粗糙的起源,也就是一种诗性的或创造性的玄学。这种粗浅的"玄学一方面发展出也全是诗性的逻辑功能、伦理功能、经济功能和政治功能,另一方面发展出物理知识、宇宙知识、天文知识、时历和地理知识,这些都是诗性

---

① 汉斯-格奥尔格·伽达默尔. 诠释学Ⅰ:真理与方法[M]. 洪汉鼎,译. 北京:商务印书馆,2010:633.

的"①。维柯在对人类早期语言的分析中指出，神话（mythology）和词源学（etymology）在人类语言发展的早期具有重要意义。他认为，对神话和词源学的偏见阻碍了我们认识到它们是构成初民词汇的组成部分。神话（mythos）的希腊语原为"真实的讲述"（true narration），却以 fable 的意义流传下来，因此它的意义就被理解成"虚假的讲述"（false narration）。而 etymon 一词原意是"真实的言词"（true speech），但世俗流传的意思却是词源（origin）或语词的历史（history of words）。初民在表达观念时，由于受到语词贫乏的制约，往往使用诗性的语言（poetic language）。这种诗性的语言有三个重要的特征："能够提高和扩大我们的想象力；能够用简短的表达告知事物被界定的基本情况；能够将思维带到最遥远的事物那里并将之以迷人的形式呈现。"②

维柯所说的诗性语言在今天看来，是不具有逻辑性的。但是维柯强调，当早期人类并无理性可以用来推理时，感觉是发达的；当人的感觉发达的时候，想象就是生动的；生动的想象带来的意象能够在感觉中留下最深刻的印记。当初民们想表达关于那些他们并不熟悉的事物的观点时，他们很自然地就会通过与熟悉事物的相似之处来设想那些不熟悉的事物。当初民们所知甚少时，他们就通过以己度物的方式来做判断。维柯指出最初的比譬（tropes）都来自诗性逻辑，而最常用的比譬就是隐喻。

维柯所言的诗性智慧归根结底是以隐喻的方式来把握世界的途径，这是人类世界经验的原点。诗性智慧是奠基于"生活世界"之上对世界的最本源的把握。这样看来，隐喻在人类语言的发展中具有源始性的特征，以己度物的方式是语言早期发展的基本方式。换句话说，人类的世界经验总是需要从感性事物出发去理解陌生的事物，这使隐喻成为人类经验语言性的基本特征。

这里我们要再次提及寓意（allegorie）。寓意的神话意识反映的是语言隐喻性的特征。然而在西方美学传统中，寓意却在与象征（symbol）的对比中被贬低了。伽达默尔在《真理与方法》中详细地分析了寓意③和象征并且指出，康德关于美学的天才学说导致了对象征的抬高和对寓意的贬低。伽达默尔在这里将艺术称为体验艺术（Erlebniskunst）。伽达默尔"体验艺术"的提出基于对狄尔泰哲学中生命概念的理解。"生命对狄尔泰来说，意味着创造性。由于生

---

① 维柯. 新科学 [M]. 朱光潜，译. 北京：人民文学出版社，2008：引论，37.
② VICO. The First New Science [M]. LEON POMPA. Cambridge：Cambridge University Press，2002：150.
③ 洪汉鼎在翻译《真理与方法》时，将 allegorie 译为"譬喻"，本书将 allegorie 译为"寓意"，这里依然使用这个翻译。

命客观化于意义构成物中,因而一切对意义的理解,就是'一种返回,即由生命的客观化物返回到它们由之产生的富有生气的生命性中'。所以体验概念构成了对客体的一切知识的认识论基础。"① 体验艺术一方面指艺术从体验产生并作为体验的表现,另一方面指那种专为审美体验所规定的艺术。使用"体验艺术"一词表明了这样一种立场,即审美体验不仅是一种与其他体验相区别的体验,也同时代表了一般体验的本质类型。"一种审美体验总是包含着某个无限整体的经验。正是因为审美体验并没有与其他体验一起组成某个公开的经验过程的统一体,而是直接地表现了整体,这种经验的意义才成了一种无限的意义。"②

在讨论隐喻作为源始的世界经验时,我们很难回避探讨神话主题,隐喻的话语性特征决定着隐喻并不仅仅是语词的意义转移,它是更大意义上的语义更新和意义创造。难道隐喻与神话在意义创造方面不是具有惊人的相似性吗?列维—斯特劳斯认为:"神话"是一种强结构的、意义非凡的故事。列维—斯特劳斯的这句话常常带来对神话的误解,我们容易认为这句话的意思是说"神话是强结构的故事"。但列维—斯特劳斯的意思实际上是说:"一个故事之所以构成为'神话',只是因为他肯定能加以'神话'分析。"③ 实际上,结构分析法是按照一个故事是否能分析出一个强结构来决定它是否神话。但如何区分"神话""民间故事"或简单的"传说"呢?列维—斯特劳斯给出了启示性的观点:"首先,传说故事中的构造,在内在对立上要比神话构造弱。……其次——更准确地说,是因为传说故事是神话的一种弱化形式——前者不如后者那样,在逻辑的相容性、宗教的正统性和集体的强制性这三方面都更加严格一些。传说故事提供了更多演绎的可能,其变换更改要相对自由一些,因此带有某种随意性的特征。"④

世界上几乎所有古老文化都有属于自己的神话。古希腊神话作为西方文明的源头,孕育了古希腊人的宇宙观和命运观。古希腊神话围绕着居于奥林波斯山的12主神,展开的不仅是神和英雄的故事,更是人与神的关系的故事,无论是《荷马史诗》还是基于神话的众多古希腊悲剧和喜剧,都无不在强化着

---

① 汉斯-格奥尔格·伽达默尔. 诠释学Ⅰ:真理与方法 [M]. 洪汉鼎,译. 北京:商务印书馆,2010:99.
② 汉斯-格奥尔格·伽达默尔. 诠释学Ⅰ:真理与方法 [M]. 洪汉鼎,译. 北京:商务印书馆,2010:105-106.
③ 伊万·斯特伦斯基. 二十世纪的四种神话理论 [M]. 李创同,张经纬,译. 北京:生活·读书·新知三联书店,2012:206.
④ CLAUDE LEVI-STRAUSS. Structural Anthropology [M]. New York:Basic books,1974:128.

由神话给予早期人类的世界经验。在古希腊人的神话中,命运是最常被提及的话题。在《荷马史诗》中不断被强化的认识是"命运给人生限时,使凡人只能'有限'地存活,只可能在生存的层面上拥有不能统括全部的部分(亦即属于他的那部分人生)。长生者或永生的神明给世间的万物规定了生存的时间"①。在古希腊神话中,对于会死的凡人来说,神规定了他们活动或存在的时间,神替凡人纺织生命或生存的命线,使凡人从出生的那一天起便受到这根线的束缚,领受有限的人生。生命短暂,人生艰难,其中多有使人感觉痛苦与艰辛备尝的坏事、难事和恶事的发生(如《奥德赛》中奥德修斯在归家之旅中遭遇的种种磨难)。人会变老,会生病,不得不以极强的耐力忍受各种病痛的折磨。当然,命运也可以局部地体现出好的一面。就具体的个人而言,如奈斯托耳战功卓著,且健康地活到老年,一生为王,统治了三代臣民,可谓是一个有福之人。古希腊神话虽然言说的大多是神和英雄的故事,但也同时述说了在诸神俱在的世界里的神与人的关系。神话是早期人类对世界的原始经验。

神话作为世界经验在宗教中不断得到强化。由神话显示的人类普遍性是从由故事引进人类体验的活动中获得其具体性的,在讲述过错的起源与终结的过程中,神话赋予了这种体验以倾向性、特性和内在牵制力。因为有了神话,体验才贯穿人的沉沦与拯救的基本历史之中。"神话试图去了解人的存在之谜,也就是在作为实质的、生物的、清白状态的基本实在和作为被玷污的、邪恶的、有罪之人的现实形式之间的不一致。神话用故事解释这种转变。但正因为神话在人的基本实在及其目前人生之间,在人作为产生善及预定幸福的本体论状态及其当成异化迹象去体验的现存或历史的状态之间,不存在任何演绎和逻辑过渡,所以它只是一种故事。"② 保罗·利科认为,神话因其具体的普遍性、时间定向、最终的本体论探究这三重功能而具有揭示事物的特性,这种揭示并不归于任何密码性语言到清晰语言的转化。

在伽达默尔看来,寓意原本属于述说(logos 领域),因此它是具有解释性作用的修辞用法。寓意通过述说别的东西使原本所意味的东西得到理解;但象征并不受逻各斯领域的限制,因为它不是通过与某个其他意义的关联而有意义的,它是通过自身的存在而具有"意义"的。共同体的成员一般都可以判断象征是属于宗教的还是属于世俗意义上的标志。象征的意义依赖自身的在场,它通过展示或被说出来而获得表示他物的功能。伽达默尔通过分析指出,无论

---

① 陈中梅. 荷马的启示——从命运观到认识论 [M]. 北京:北京大学出版社,2009:25.
② 保罗·利科. 恶的象征 [M]. 公车,译. 上海:上海世纪出版集团,2005:143.

是在最初的传说还是在基督教的传播中，象征和寓意都得到了充分的运用。这说明了这样一个事实，即"解释活动所具有的寓意言说方式和认识活动所具有的象征方式有着共同的基础，那就是，不从感性事物出发，就不可能认识神性的东西"①。但是由于象征蕴含着意义的无限性，而寓意蕴含着意义的有限性，启蒙运动的理性主义美学就将象征和寓意的对立理解为艺术与非艺术的对立，因此，只有象征才是真正的艺术。为此，伽达默尔指出，19 世纪美学的天才学说这种抬高象征贬低寓意的观点有其历史局限性。如果我们能够看到，象征化的活动总是受到某种继续存在的神话—寓意传统的限制，我们就不难看出象征与寓意的对立是相对的。这样，审美意识和神话意识的差别也就不是绝对的了。按照伽达默尔的看法，"心灵的象征化活动的自由归根结底是受到譬喻②传统的持续生命限制的"③。

  伽达默尔在对艺术经验的真理问题探讨中给寓意恢复名誉，意在指明，对于艺术理念的追求不是完全自由的活动，它必然与传统相关联并受到传统的影响。神话—寓意传统体现的恰恰是语言的隐喻性。尼采关于隐喻的观点最为激进。他认为语言从根本上讲是隐喻性的。伽达默尔指出，"隐喻是根本性的，而字面义应被称为是非隐喻的。尼采倾向于把任何'转移'（Übertragung）都称为隐喻。在他看来，当我们离开语词所意指的原本经验并'携带'另外一种经验时，我们就进入了隐喻的领域。因此，所谓真正的字面义，就是语词完全并只能表达被给予经验的意义，不能遗漏任何原本的经验也不能'携带'任何新的经验。而这种严格意义上的字面义是不存在的。"④ 原因很简单，因为一个完全在纯粹字面意义上使用的词就是指一个词指称且只能指称某种经验，显然没有什么词语能够达到这样极端的标准。如果真存在这样的情况，那么一个专有名词就有无数确定性的描述与其搭配，这也显然是荒谬的。尼采对字面义的否定还是在强调隐喻义的源始性。隐喻体现了人类把握世界的基本方式，也是我们世界经验的基本表现形式，它使我们与世界建立联系。

  作为语言的源始性的隐喻与作为此在的基本构造要素的世界具有源本同一

---

① HANS-GEORG GADAMER. Truth and Method [M]. trans. W GLEN-DOEPEL. London and New York: Continuum, 1989: 64.
② 洪汉鼎在翻译《真理与方法》时，将 allegorie 译为"譬喻"，本书将 allegorie 译为"寓意"，这里依然使用这个翻译。
③ 洪汉鼎. 理解的真理——解读伽达默尔《真理与方法》[M]. 济南：山东人民出版社，2001: 64.
④ LAWRENCE M HINMAN. Nietzsche, Metaphor, and Truth [J]. Philosophy and Phenomenological Research, 1982, 179 (43): 183.

的关系。对于人类来说，世界从来就不是那个外在于我们而客观存在的世界，经验乃是我们与世界的真正照面。在世界中的此在不断通过熟悉的事物来把握在世界中向我们涌来的陌生事物，这种把握是此在的存在方式即理解。隐喻是此在对存在的揭示，因此它是我们的世界经验。

二、隐喻显现并构造的意义世界

作为理解的隐喻源始地与诗性逻辑相关联。诗歌是人类世界经验的最早形式，是人类与世界照面的原初经验。在诗性逻辑中，隐喻作为凝聚人类世界经验的焦点，不断在经验的积累中产生新的把握或理解。而这种理解并不是一般意义上对事物的认识或知识，因为认识或知识是一种理性的构造。作为理解的隐喻是作为我们的世界经验，作为我们与世界的中介。隐喻揭蔽存在，使存在之真理得以显现，即意义世界显现。隐喻是此在与世界打交道中的世界经验，这种经验也是此在的存在理解。由于隐喻是此在把握存在的基本方式，这就决定了隐喻并不是对某一事物的简单判断，而是与此在的前有世界经验紧密相连。前理解构成隐喻的诗性逻辑，隐喻在被言说前就已经具有了言说的意向。当隐喻作为事件发生时，随之发生的是真理的揭示、意义世界的显现。意义世界并不是通过隐喻呈现的一个场景，而是一个世界，一个此在所拥有的世界。意义世界不是一个与我们的生活世界相断绝的世界，而是一个在我们的世界经验基础上对世界的新的理解。

隐喻是对"是什么"的回答，是对"如何是"的领会，因此是创造性的理解活动，是作为揭蔽的事件发生的。隐喻的发生意味着参与到一个转换的过程中，在这个过程中，过去与现在不断融合。当揭蔽发生时，被称为"去蔽"的真理也就发生，意义世界得以显现。历史主义所坚信的真理并不存在。其错误的根源"在于要使客观性依赖于对理解的主体及其处境的排除，因为真理——这里被理解为意义的去蔽——只发生在效果历史的应用中"[①]。人类对真理不断追求的历史一再地让我们清楚地意识到：我们没有绝对的真理，但我们的普遍有限性并不阻碍我们在不断理解中进行自我修正。隐喻的基本结构反映了作为世界中的每一个此在，都将属于自己的多样性和谐地纳入到正在充实的过程中。隐喻在揭蔽的事件中，重新描述世界，修正并扩大自己对世界的经验。

在海德格尔看来，科学语言、元语言或是日常语言都不是本真的语言。诗

---

① 让·格朗丹. 哲学诠释学导论 [M]. 何卫平, 译. 北京：商务印书馆, 2009：185.

作为源始的语言,不仅是语言的艺术,更重要的是,诗使语言成为可能。"诗人由语言本身蕴藏着的内在丰富性引导着,聆听、应和这种本然所是的语言,就存在者的本质所是把存在者带出晦暗而使它作为存在者显耀,从而让万物向我们展现出它们的本来形象。"① 这里海德格尔对诗性语言本质的说明,也显示出隐喻所具有的本质特征。隐喻之中蕴含着语言的无限丰富性,因为隐喻充分反映的是人对有限语言的无限使用。而隐喻对语言的无限使用又是此在在人的世界经验的基础上,通过不在场事物与在场事物的照面对存在的本然进行揭示,同样作为本真之言的隐喻正是这样向我们展现了意义世界,即存在者如其所是的存在状态。隐喻像诗歌一样,具有召唤和聚集天、地、人、神和诸物,并使之与人相涉、与世界相关的力量。济慈在《希腊古瓮颂》② 中充分展现了诗歌和隐喻的共同性,即开启世界的力量。诗人在全诗的结尾写道:

"美即是真,真即是美,"这就包括

你们所知道、和该知道的一切。

"美即是真,真即是美"是全诗意义揭示的关键,理解这两个看似相同的隐喻必须从全诗的整体结构来解读。全诗的主题一方面是古瓮,另一方面是人类。这似乎是两个毫不相干的主题。在诗的开头,诗人就传达了对古瓮的艳羡:

你委身"寂静"的、完美的处子,

受过了"沉默"和"悠久"的抚育,

呵,田园的史家,你竟能铺叙

一个如花的故事,比诗还瑰丽:

……

树下的美少年呵,你无法中断

你的歌,那树木也落不了叶子;

鲁莽的恋人,你永远、永远吻不上,

虽然够接近了——但不必心酸;

她不会老,虽然你不能如愿以偿,

你将永远爱下去,她也永远秀丽!

"完美的处子"这一隐喻将古瓮人格化,"沉默"和"悠久"表现出

---

① 徐友渔,等.语言与哲学——当代英美与德法传统比较研究[M].北京:生活·读书·新知三联书店,1996:163.

② 拜伦,雪莱,济慈.拜伦雪莱济慈诗精选[M].穆旦,译.武汉:长江文艺出版社,2011:187-190.

"她"是永远保持不变的。这是一幅远离人类生活的令人艳羡的画面,这画面在诗的开始就通过古瓮展现在我们面前。这是一幅凝冻的画面,美少年的歌永远不会中断,恋人也不会老去,这一切都与人的现实生活形成了巨大的反差,让人陶醉在美妙的瞬间。然而随着幸福的画面渐渐地落空于虚无(如:她不会老,虽然你不能如愿以偿),这不朽的完美也有其自身的缺陷,诗人对古瓮的迷醉也渐渐消失,现实感逐渐侵入①。在最后的诗节,作者完成了情绪的转折:

> 哦,希腊的形状!唯美的观照!
> 上面缀有石雕的男人和女人,
> 还有林木,和践踏过的青草;
> 沉默的形体呵,你像是"永恒"
> 使人超越思想:呵,冰冷的牧歌!
> 等暮年使这一世代都凋落,
> 只有你如旧;在另外的一些
> 忧伤中,你会抚慰后人说:
> "美即是真,真即是美,"这就包括
> 你们所知道、和该知道的一切。

这一节,诗人重新回到了现实,"形状""石雕"强调了古瓮的物品属性,迷醉情绪消失,古瓮重回"冰冷"的状态。古瓮展现的世界,毕竟不能取代现实生活,尽管现实生活充满了痛苦与折磨。但是诗人最后也意味深长地指出,虽然古瓮这支"牧歌"是虚无缥缈的,但仍是"人的朋友",给人以安慰和启迪。

济慈的这首颂诗在结尾处用"美即是真,真即是美"揭示并展现了无蔽的意义世界。这句话并不是如其表面所是的那样,在美与真之间画上了等号,而是与全诗的整体结构构成了连贯统一性。颂诗开头对古瓮人格化的描述,向我们展现了一个"永恒"的快乐的场面。这场面便是美的呈现,这便是"美即是真"。但这"永恒"的美亦有其不真实的一面(如:鲁莽的恋人永远吻不上,虽然够接近;她不会老,虽然你不会如愿以偿等),很快诗人转而描述另一幅外出祭祀人群以及人的形象悄然隐去的画面,从艳羡开始,以怜悯告终。颂诗在最后彻底转折,重新回归现实给我们带来的不是现实战胜幻觉,而是美

---

① 此处略去了诗人以真实生活的痛苦体验来打破美好幻觉的诗句:幸福的是这一切超凡的情态:它不会使心灵充满厌倦与悲伤,没有炙热的头脑,焦渴的嘴唇!……

尽管不真实，但是能给我们以安慰和启迪。"它之所以'像永恒一样''令我们解脱了思虑'，是因为它使我们想象了一个不可想象的'永恒'的生存状态，从而认识了自己所受的必然局限，而对生活的真谛达于彻悟。"① 当诗人在"美即是真"后面说出"真即是美"，他暗示的是美永远是和现实及真理联系在一起的。

此在通过在场的古瓮联想的是与生活的种种痛苦相对立的快乐（不在场），这快乐虽是"永恒"却并不真实。而当此在从不真实的美妙幻觉重又回到现实，对"美即是真"的理解绝不是之前的理解，现实虽有痛苦但这是人类具有的局限性，"真即是美"的彻悟是经过对"永恒美"的理解重回现实后对存在本身的把握。此在对存在的把握是通过与其照面的存在物的关系来进行把握的，《希腊古瓮颂》展现的是"在世此在"在"此"所领会和理解的世界经验，即意义世界。对于人来说，古瓮的存在并不仅仅是作为器物的存在，古瓮的在场和快乐与痛苦的不在场一起构成了此在对世界的把握和对意义世界的建构。

通过对《希腊古瓮颂》的分析，我们可以看出隐喻的力量不仅仅在于语词层面，它还在更大的文本层面发挥着作用，因为它试图通过虚构来开启世界。不仅一首诗可以被看成扩大的隐喻，一部作品也可以被看成一个隐喻，它力图通过虚构来展现意义世界，而这样一个世界构成我们对世界的新的理解。

保罗·利科在探讨隐喻与诠释学的核心问题的时候，深入分析了隐喻与文本的关系问题。在利科看来，隐喻理论和文本理论的共同基础是话语。一个文本可以被还原为简单的句子，就像在谚语和格言中那样。文本的识别是建立在其最大长度的基础上，而隐喻的识别是建立在最小长度的基础上（词语的基础上）。在利科看来，隐喻可以是一部小型的作品，如一首诗，可以被视为一个持续的或扩展的隐喻。在这一点上，文本和隐喻、作品和词语都处于同样的话语范畴。所有话语的产生都表现为一个实践，这样它就被理解为代码或系统的语言的对立面。所有的文本都是话语，因为它们都来自最小的话语单元即句子。起码，一个文本是一系列的句子。"话语不仅具有一种指称，而且具有两种指称：它与语言之外的实在性，即这个世界或某个世界相关；而且它通过特定的程序同样指向说话者本人，这一程序仅仅在句子因而在话语（人称代词、动词时态、指示代词，等等）中发挥功能。在此方面，语言既指向实在，又

---

① 钱超英. 关于"美即是真、真即是美"——约翰·济慈《希腊古瓮颂》及其他 [J]. 外国文学研究，1991（1）.

可以自指。正是同样的实体（句子）支持了这一双重的指称：意义的和反思的，它指向事物，也指向自我。"①

　　隐喻的理解可以担当理解更长文本的向导，如文学作品的向导。也就是说，将某个作品理解为一个整体就为隐喻打开了大门。其他的观点就是解释固有的观点：它推进了我们所谓的"指称"的意义方面，也就是走向世界的意义的趋向和走向自我的反思的趋向。说明的关键要素是建构新的，构成现实独特语境的互动网络。再如此行动中，将我们的注意力转向语义事件，它产生于几个语义领域之间的交叉点上。这一建构是被聚拢起来的所有词语拥有意义的方式。"只有在此后，'隐喻的缠绕'既是一个事件，也是一种意义，一个语言中的有意义的事件和一种突现的意义。这就是说明的基本特征，它使隐喻成为解释文学作品的范式。我们以一种相类似的方式建构了文本的意义，这一方式就是，我们使隐喻陈述的所有词语都具有意义。"② 理解文本与理解隐喻陈述是极其相似的。在真正的解释层次，理解文本为理解隐喻提供了一把钥匙。在书写语言中，指称不再明显，诗歌和小说作品都在谈论物、事件、事态发展和角色这些被唤起但并不在场的人或事。文学文本涉及一个世界，一个作品的世界。对我们而言，世界就是由文本打开的指称总体性。"文本的意义并不是出于文本之后，而是在其之前。意义并不是某种隐藏的意义，而是揭示的意义。引发理解的东西就是通过诉诸文本的非直接指称，指向可能世界的东西。文本谈论可能的世界，以及在这些世界中导引自己的可能道路。"③ 利科对隐喻的诠释学分析已经将隐喻理论的有效性扩展至文学作品，具有隐喻性结构的文学文本指向一个意义世界。

三、意义世界的现实性

　　具有源始性特征的隐喻蕴含了诗歌开启世界的力量，因为隐喻不能仅仅被看成在语词或句子层面的修辞学形式，作为话语的语义目标决定了它必然要在更具体的情境中发挥作用。隐喻虽然与诗歌具有同源性，但这并不阻碍隐喻可以扩展到别的话语范畴。隐喻在思辨话语甚至在科学语言中都可以发挥启示性

---

　　① 保罗·利科. 诠释学与人文科学——语言、行为、解释文集 [M] //孔明安，等译. 北京：中国人民大学出版社，2012：130.
　　② 保罗·利科. 诠释学与人文科学——语言、行为、解释文集 [M] //孔明安，等译. 北京：中国人民大学出版社，2012：136.
　　③ 保罗·利科. 诠释学与人文科学——语言、行为、解释文集 [M] //孔明安，等译. 北京：中国人民大学出版社，2012：139.

的作用并带来重新描述的力量。隐喻有效性的发挥全在于它必须被置于理解（包括自我理解和相互理解）的范畴。隐喻是生存论意义上，此在的基本存在方式，即一种源始地与世界照面并获得世界经验的方式。隐喻展现并构造了意义世界，在此在的领会和理解中意义世界成为"现实"。

在亚里士多德的实体学说中，潜能（dunamis）和现实（energeia）是密切联系的。潜能实现了的时候就是现实的，而现实还没有实现的时候就是潜能的。潜能和现实的内容相同，但是存在方式不同。按照实证主义的看法，只有科学话语才能表述现实。现实更多地被理解为实际存在的东西，即包括自然现象、社会历史现象等。隐喻展现的意义世界似乎并不能让我们看见真实存在的事物。但是我们需要警醒的是，当我们再次执着于事物的真实存在，我们就又陷入对象对我们的支配地位。世界对于我们来说是那个前科学的生活世界，我们生来就置身于这个世界并在这个世界中构造着本已的可能性。意义世界展现的正是此在对存在的把握。正如亚里士多德在《修辞学》中指出的，"像荷马那样给无生命的东西赋予生命，就是给事物赋予运动，而现实即运动"①。亚里士多德同时说，呈现在眼前的就是表示现实的事物，即运动的事物。对于人来说，现实的事物并不仅仅是客观存在的事物，通过言说呈现在"眼前"的"世界"同样具有现实性。正像利科说的那样，"某物之所以必定存在，是因为某物被言说"②。隐喻揭蔽并展现的意义世界具有现实性，它构造我们的世界经验。

从诠释学视域出发，对隐喻的重新思考并不是要让隐喻的中心地位遮蔽科学理性的合法地位，而是要从根本意义上论证隐喻作为此在的基本存在方式在人类社会生活中具有无法替代的作用。对人类的生存具有奠基性的不是科学和技术带来的新世界，而是那个前科学的生活世界。隐喻建构的"意义世界"对于人类来说，不是虚无缥缈的另外一个世界，而是真正构成我们现实的世界。人不同于其他动物的本质特征就是，人活在语言的世界，活在理解的世界，人的基本存在方式就是理解。科学理性在近代取得的成功遮蔽了人作为理解的动物对"意义世界"的渴望。"意义世界"不是给科学真理做陪衬的理解世界，而是作为生存最本质的理解世界。只有承认"意义世界"的现实性和根本性，在科学时代迷茫的人类才能找到宁静的栖息之所。

文学作品是对现实世界的重新描述，它指向新的文本世界。美国作家维罗

---

① ARISTOTLE. On Rhetoric: A Theory of Civil Discourse [M]. 2nd edition. trans. GEORGE A KENNEDY. New York: Oxford University Press, 2007: 1412a.

② 保罗·利科. 活的隐喻 [M]. 汪堂家, 译. 上海: 上海译文出版社, 2004: 423.

妮卡·罗斯所著的《分歧者》三部曲获得巨大成功，不但长期入围《纽约时报》畅销书排行榜，更是被改编成电影上映。《分歧者》的背景是未来美国的芝加哥，人们被分为无私派、博学派、无畏派、诚实派和友好派，分别扮演不同的社会角色。然而这个看似人们实实在在生活的地方却是被基因局时刻监视着的实验基地。女主人公翠丝是分歧者，因为她同时具有无私派、博学派和无畏派的特征，她在芝加哥城内被认为是有害的并且是要被除掉的对象，而在城外的基因局，她却被认为是基因纯净者。这不难让我们想到柏拉图《理想国》中将人分成三个阶级。同时，这种派系划分不禁让人联想到美国当今社会政治生活中派别对峙的现状。从翠丝走出芝加哥看到真实世界再到她回来，其实就是新的"洞穴寓言"。翠丝就是那个从被缚的人到走出洞穴看见真理的囚徒，当她返回洞穴给洞穴中的囚徒带来新知时，她也备受被孤立的煎熬。同时芝加哥这个看似美好的乌托邦城，实际上充满了派别之间的矛盾和争斗，以人民的名义推翻前领导派别，实际是为了一己私利，最终派别消失是反乌托邦的体现，也是对按派别行事的现实世界的抨击。

跳出这个文本世界之外，还有作者和读者共同构成了具有真理性意义的解释循环。《分歧者》是作者基于对于洞穴寓言和社会现实的前理解，揭示了美国现实社会派别争斗和排斥异己的现实状况。派别的出现也是为了建设和谐的乌托邦社会，虽然整个故事发生在未来世界，却是对现实世界的理解。这不是对现实的简单模仿，是在"是"与"不是"之间揭示派系争斗的伪善。翠丝在这个构建的文本世界中对世界有了新的认知，也重新认知了自我。然而我们对文学作品的理解并不仅仅停留在这个建构的文本世界之中，我们对翠丝的理解体现的是对文本的理解，但是更深层次指向的是对作为读者的我的理解，这涉及利科提及的解释的最终呈现——"占有"。利科认为"占有"不是对事物的把握，而是意味着读者要先失去先于文本理解的自我（ego）。"这一失去的过程就是由说明过程所意味的那种普遍性和永恒性的工作。"① 自我理解是指将在对文本产生理解之后的"我"（self）融入产生这一理解之前的"我"。我对《分歧者》所指涉的文本世界的理解，使得我对我所存在的现实世界有了新的认识，这种新认识又作用在我对我自身的思考和理解中。在这种反思的自我理解中，意义世界构成了我们的现实。

隐喻在作者、文本和读者三者的动态上升中的解释循环引导我们揭示真

---

① 保罗·利科. 诠释学与人文科学——语言、行为、解释文集 [M]. 孔明安，等译. 北京：中国人民大学出版社，2012：155.

理。隐喻和文学作品具有内在同一性，隐喻本身具有真理性，而文学作品的隐喻性就蕴含在诠释文学作品时具有真理性的解释循环中。从诗中的摹仿到文学作品，隐喻终止言语日常指涉，从而获取诗性的语料。隐喻成为"超验的存在之境，或曰人类与存在的永恒界面"①。在此，隐喻就不仅仅是通过活的隐喻的存在而获得更多新意，更重要的是提供一种洞见世界的方式，打开了新视界和新世界。隐喻在文学作品中就如同工具，揭示世界，帮助人更好地认知自己。通过对文本中隐喻的理解，使得我具备重新理解、看待世界的能力，重新理解自我。

让我们一起来品味托马斯·曼的《浮士德博士》这部小说是如何通过隐喻获得特定建构的意义系统，并在当下的境域中筹划着对存在的理解。小说的标题为《浮士德博士》，实际上是对一位德国艺术家阿德里安·莱韦屈恩天才而冷漠的一生的记录。在对这位误入颓废和罪责歧途的艺术家的传记中，作者巧妙地揉进了传统的浮士德题材。浮士德的故事在德国家喻户晓。中世纪的超凡学者和魔术师格奥尔格·浮士德同魔鬼结盟的传说在1587年首次以《浮士德博士民间故事书》的形式成为文学文本，此后便始终不断有人对其进行创作加工，如马洛的悲剧《浮士德》（1589）、克林格尔的小说《浮士德博士的生活、壮举及下地狱》（1791）和歌德的悲剧《浮士德》第一部（1808）和第二部（1832）等。显然，在众多以浮士德为题材的西方作品中，以歌德的悲剧最为著名。

歌德笔下的浮士德高度浓缩了从文艺复兴到19世纪初期几百年间德国乃至欧洲资产阶级探索和奋斗的精神历程。浮士德始终都在追求无限的真理。他虽已得到了博士的称号，但既未了解宇宙的奥秘，也未曾改变这个世界分毫。因此，浮士德对这种书斋生活极其不满，并意识到实践的价值。他出卖自己的灵魂，与魔鬼签订契约，开始了他新的追求以实现自己的生命价值。他在追求人生意义、探索社会的过程中，经历了各种诱惑和考验，但从未停止自己前进的步伐。浮士德一生都在追求理想。浮士德的一生经历过自我理想追求与社会理想追求两个阶段。在自我理想追求阶段，他渴望知识，渴望爱情。然而在自我理想破灭后，浮士德开始追求社会理想。他想在封建社会中实现资本主义，想将古典的希腊美带到现实世界，但这一切都未成功。但他仍然坚持不懈，要实现自己的最终理想，那就是填平海滩荒原，为千百万人开疆辟土，让人民生活在自由的土地上。在浮士德身上，我们看到了真正大丈夫的理想与抱负，他

---

① 张沛. 隐喻的生命[M]. 北京：北京大学出版社，2004：155.

并没有因为理想破灭而止步不前。生活在18世纪启蒙时代的现代人,同浮士德一样,反对封建社会,渴望从宗教神学的束缚中解脱出来。从未满足于现实,每一次超越自我都会唤起更高的欲望。浮士德从书本的禁锢中解脱出来,他的爱之欲又悄然升起。在经历了爱情与官能的享受之后进入宫廷,对权力的渴望日益膨胀,而腐败的封建宫廷使他幻想破灭。随着权欲的悄然而逝,浮士德萌发了对美之欲的追求。对美的追求幻灭之后,他试图在人生的弥留之际建立自己的事业,在欲望的终结中得到满足。

如果说歌德的《浮士德》呈现的是资产阶级上升时期努力不懈的巨人形象并以救赎结尾,那么托马斯·曼的《浮士德博士》呈现的则是资产阶级没落时期的病人形象并以解体告终。托马斯·曼笔下的这位披着现代音乐家外衣的浮士德可以被看成对1587年古老的《浮士德博士民间故事书》的某种回归。两相对比,两人都把灵魂卖给了魔鬼,约定的期限都是24年;在《浮士德博士民间故事书》里,浮士德用自己的鲜血和魔鬼签约,阿德里安则是通过感染梅毒让病毒进入自己的血液;在《浮士德博士民间故事书》里,浮士德在签约的第8年上天入地,阿德里安则在1913年深入深海并大谈特谈宇宙奇观;在《浮士德博士民间故事书》里,浮士德在签约的第19年和第20年开始有艳遇,阿德里安则在1925—1926年开始认识和喜欢玛丽·戈多。除了人物成长和情节结构上的类同,《浮士德博士民间故事书》中的许多地名和名称也被巧妙地运用。通过作者的巧妙穿插与组合,共同行使着建立关系、制造暗示、激发联想和营造氛围的功能。在托马斯·曼看来,浮士德的魔鬼"是一个很德意志的形象,和它结盟,卖身投靠魔鬼,用牺牲灵魂得救去换来一个期限以获取全部宝藏和世界大权"[①]。托马斯·曼把浮士德和音乐联系起来,一个同浮士德的魔鬼结盟的音乐家的生平故事便超越了其个体的意义范畴,被赋予了能够代表一个民族和一个国家发展成长历程的示范性。

托马斯·曼的《浮士德博士》的创作充分体现了隐喻是诠释学的核心问题,理解隐喻是理解文学文本的钥匙。在《浮士德博士》的创作中,作者充分利用了浮士德这个民间传说中被德国人熟知的形象,在阿德里安身上我们容易发现许多与浮士德相似的地方。歌德的《浮士德》在启蒙时代的背景下赋予浮士德的精神是摆脱中世纪宗教束缚后对真、善、美的追求。浮士德的一生是充满困惑的一生:他在有限与无限、理想与现实、道德与欲望的困惑中苦苦挣扎。浮士德形象既内化了德意志民族的特质,同时也具有对存在理解的普遍

---

① 托马斯·曼.浮士德博士[M].罗炜,译.上海:上海译文出版社,2012:序(6).

性的展现，人生的漫长旅程从来都是在追求的困苦中前进的。托马斯·曼的《浮士德博士》脱胎于德意志民族对浮士德的集体记忆，这个形象有许多标志性的符号，如：对目标的执着追求、为了达到目标不惜将灵魂卖给魔鬼、在临死前对自己恶行的反思和忏悔等。阿德里安既是那个传说中的浮士德博士，又不是那个浮士德博士。作者在阿德里安的形象中同时还融入了勋伯格、尼采、多位梅毒艺术家乃至于作者本人等的生平经历及与之相关的事件。托马斯·曼在《浮士德博士》中将许多真实的人和事件与虚构相结合，使作品呈现出文学蒙太奇风格。这里我们要问，难道《浮士德博士》只能被熟悉德意志传说和文学的人理解吗？回答是否定的。在伽达默尔看来，属于世界文学的作品，在所有人的意识中都具有地位。作品属于"世界"，这样一个把一部属于世界文学的作品归于自身的世界可以通过遥远的间距脱离生育这部作品的原始世界。毫无疑问，这不再是同一个"世界"。属于世界文学的作品，尽管它们所讲述的世界完全是另一个陌生的世界。一部文学译著的存在也证明，在这部作品里所表现的东西始终是而且对于一切人都有真理性和有效性。因此，世界文学绝不是那种按作品原本规定构造该作品存在方式的东西，正是文学的历史存在方式才有可能使某种东西属于世界文学。

对于文学作品的理解与我们倾听某人讲话是相似的，我们要对文本的和他人的见解保持开放的态度。这种开放性总是包含着我们要把他人的见解放入与我们自己整个见解的关系中，虽然见解都是流动性的，具有多种可能性，但在众多可能的见解中，并不是所有东西都是可能的。谁不能听他人实际所说的东西，谁就最终不能正确地把他所误解的东西放入他自己对意义的众多期待中。因此，谁想理解一个文本，谁就必须准备让文本告诉他什么。诠释学意识的敏感既不假定事物的中立性，又不假定自我消解，而是包含对我们自己的前见解和前见解的有意识同化。这便是海德格尔所谓的对"这里存在"的东西的"阅读"中解释理解的前结构。一切理解都必然包含某种前见解，个人的前见解比起个人的判断来说，更是个人存在的历史实在。对文本的理解永远都是被前见解规定的，在完美的理解中，整体和部分的循环不是被消除了，而是得到了真正的实现。这样看来，这种理解的循环本质上不是形式的，它既不是主观的，又不是客观的，而是传承物的运动和解释者的运动的一种内在相互作用。

四、作为实践智慧的隐喻

在亚里士多德看来，我们必须根据对象的不同特性而采取相应的揭示真理的方式，实践智慧是揭示真理的五种方式之一。五种揭示真理的方式分别是：

"技艺（techne）、科学（Episteme）、明智（Phronesis）、智慧（Sophia）和努斯（Nous）"①。这里的明智就是实践智慧。在亚里士多德这五种揭示真理的方式中，海德格尔尤其强调实践智慧，并对实践智慧进行了存在论解释。他认为实践智慧是关于此在的本己存在的真理揭示的首要方式。

在海德格尔看来，亚里士多德的实践智慧与人的生存活动紧密相连，是一种使存在真正得以保持的秉性（hexis）。因此，实践智慧所审思的就是此在本真的存在。实践智慧就是对人和生活的存在的展示，是对实际性的存在的意义的决定性的阐述②。实践智慧在伽达默尔那里是从教化诠释学的角度来解读的。在伽达默尔的诠释学思想中，"教化"概念具有基础性的地位。在他看来，教化包含"实践教化"和"理论教化"两个方面，并以人之为人的生活作为基点。教化"要从本体论生存论的意义来理解，要从伽达默尔强调的人的共同体的存在或社会实践活动的意义上来理解"③。这样，伽达默尔为精神科学奠定了不同于科学方法论的真正根基，这个根基也成为人类一切理解活动得以可能的出发点。在伽达默尔看来，实践哲学不同于理论哲学，它不是对不可改变的和无条件的对象的说明，而是指人们在具体生活中的合理选择，而具体生活常常是不断变化的，并且是有条件的。伽达默尔认为理论与实践的关系是实践哲学的核心问题，他把这种关系称为应用的关系。亚里士多德曾以对柏拉图善的理论的批判作为实践哲学的基础，他认为善绝不可能在一种科学或知识里得到实现，"善并不表现为可以通过制造而产生出来的 Ergon（产品），而是表现为实践和 Eupraxis（善行）"④。对于实践来说，手段不是在目的之外，而是本身就是目的。显然生产实践和应用科学不属于这种实践。

伽达默尔认为有两种模式的实践哲学，一个是理性主义的实践哲学模式，另一个是亚里士多德的以实践智慧为基础的实践哲学模式。伽达默尔特别强调亚里士多德的这种实践哲学是真正接近诠释学的古代科学，因为亚里士多德赋予了这种精神科学的方法论转向。"实践哲学的前提就在于，我们总是已经被自己受教于其中并作为整个社会生活秩序之基础的规范观念所预先规定。但这

---

① 亚里士多德. 尼各马可伦理学 [M]. 廖申白，译. 北京：商务印书馆，2003：169.
② MARTIN HEIDEGGER. Plato's Sophist [M]. trans. RICHARD ROJCEWICZ & ANDREW SCHUWER. Bloomington：Indiana University Press，1997：218.
③ 何卫平. 伽达默尔的教化解释学论纲 [J]. 武汉大学学报，2011（2）.
④ 汉斯-格奥尔格·伽达默尔. 诠释学Ⅱ：真理与方法 [M]. 洪汉鼎，译. 北京：商务印书馆，2010：387.

绝不是说，这些规范的观点会不改变地长存和不受批判。"① 实践哲学的两条进路（路径）：一条是理性主义进路，一条是修辞学进路。伽达默尔的实践哲学概念从亚里士多德的实践智慧而来。"实践智慧在亚里士多德那里是一种精神品性，它不仅是一种能力，而更重要的是一种社会习俗存在的规定性，它不只是一种实践性的智慧或才能，在应当做和不应当做的区分里，这包含适当与不适当，假定了一种发展这种区分的道德态度。"②

但伽达默尔的实践哲学并不完全等同于亚里士多德的实践智慧。因为后者探讨的是经常变化不定对象的具体操作知识，而伽达默尔的实践哲学是理论性的反思哲学，它应当具有理论和实践两种品性。伽达默尔指出，"一方面，实践哲学并不像语法学或修辞学作为一种技艺学那样是对人类社会实践的规则知识，毋宁说它是对此类知识的反思，从而最终是'一般的'和'理论的'知识。另一方面，学说和讲话在这里处于一种特有的条件之中，因为所有道德哲学的知识以及相应的所有一般国家学说均与特殊的学习者的经验条件相联系。亚里士多德完全承认，只有当学生已成熟得足以把一般的话语以独立的责任感运用到他们生活经验的具体环境中，这种关于每个人最独特的具体实践的'一般话语'才是正当的。因此，实践的科学虽然也许是一种'一般的'知识，但这种知识与其说是制造的知识，倒不如说是一种批判"③。伽达默尔从探讨艺术经验里的真理问题出发，指明精神科学与哲学的经验、艺术的经验和历史本身的经验接近，而艺术品、哲学经验和历史本身的经验只有在被表现、被理解和被解释时，它的意义才得以实现，而意义的实现必然以语言为途径。

海德格尔和伽达默尔对亚里士多德实践智慧的进一步解读，使这一概念不再局限于道德哲学，而是具有了与人的生存相关的向度。隐喻作为语言的构造特征，是此在的最本己的存在真理的揭示方式。隐喻是此在的展开状态，是理解活动、实践活动。作为实践智慧的隐喻措置了人的生存的可能性，因此它具有构造民族文化的力量。

老子在《道德经》中有云：上善若水，水善利万物而不争，处众人之所恶，故几于道。老子将具有很高道德境界的人的性情比喻成水，而水滋润万

---

① 汉斯-格奥尔格·伽达默尔. 诠释学Ⅱ：真理与方法［M］. 洪汉鼎，译. 北京：商务印书馆，2010：399.

② 洪汉鼎. 诠释学与中国经典注释——诠释学研究文集［M］. 北京：北京燕山出版社，2015：5.

③ 汉斯-格奥尔格·伽达默尔. 诠释学Ⅱ：真理与方法［M］. 洪汉鼎，译. 北京：商务印书馆，2010：315.

物,有利于万物的生长,却不与万物争利。水经常流淌到卑下污垢之处,这些地方都是众人所厌恶的地方。在老子看来,水的天性接近于道的境界。老子的"上善若水"与西方的"丛林法则①"(the law of the jungle)恰恰相反。"上善若水"和"丛林法则"两个隐喻都是在具体的历史境域中,在人与世界打交道的过程中获得的经验,是对存在及自身的理解,是存在之真理的呈现。两个隐喻不因其理解的方向不同而相互排斥;相反地,它充分体现了存在在"多"中的呈现。隐喻作为实践智慧不仅揭示了人的存在的可能性,也成为民族文化不断延续发展的方式。

隐喻作为一种普遍的语言现象,凝聚了一个民族的实践智慧。正如我们在本节的第二部分论述的那样,隐喻的话语性使它在本质上与文本具有同一性。隐喻和隐喻性的文本是我们投身于世界之中而获得的经验,它使存在(真理)得以显现。揭示真理的经验构成我们的存在理解。隐喻作为实践智慧,是我们在与世界打交道中的基本生存方式。

第三节　意义世界在科学时代的重要性

强调存在之真理的意义世界指向并不是要取代科学真理或是否定科学理性在人类社会发展中的重要意义和作用。科学理性和科学方法在给我们带来巨大的物质财富的同时,由于其地位的不断扩张,使人类丢掉了具有基础地位的生活意义和生活价值。而通过确立隐喻与存在之真理的关系,我们试图恢复在精神科学领域内的经验的合法地位,从而抵制科学方法论对所有领域的支配性地位。

海德格尔在对新时代的技术进行分析时指出,新时代自然科学中占优势地位的是现代技术展现的本质。而这一本质体现在八个本质性的环节中:物质化、齐一化、功能化、主客两级化、谋算、贯彻和统治、生产和加工、耗尽和替代。在现代技术中,一切都成为单纯的材料和物质,新时代自然科学剥夺了事物的自身存在,使之成为千篇一律的东西。事物的自身性和特性在现代技术中被忽略,在人与一切别的东西之间呈现出主客两级化的状态,事物完全被对象化。技术的物质化、齐一化和对象化使事物在本质上成为空虚的东西,只能

---

① "丛林法则"原指自然界里生物学方面的弱肉强食、优胜劣汰的规则。俗话说的"大鱼吃小鱼,小鱼吃虾米"便是对这一规则的通俗的隐喻描述。人们常用"丛林法则"来指人在竞争中只有使自己变得更强大才能不被他人欺负。

被不断地耗尽和替代。在这样的技术活动中,"人们把技术与实际的行动相等同,而不是更本质地把技术看成展现"①。海德格尔认为真正可怕的不是现代技术,而是一个时代把特殊的存在者的存在界定为确定性,即事物和世界的存在被确定在一种未隐蔽状态上。在现代社会中,这种未隐蔽状态就是自然科学中的现代技术展现。我们这个时代已经深陷其中,从中取得一切我们行动的原则和尺度,这从根本上否定了事物的多种显示的可能性。而这正是造成现代技术危险的本质所在。

本章从作为语言源始性特征的隐喻入手,意在通过回归前科学的生活世界,重新找回对于人类来说最为根本性的人与世界的关系。自然科学所代表的理性只能作为揭蔽的一种方式,而不应被看成唯一的揭蔽方式。隐喻构造的意义世界不以任何一种揭蔽状态作为最终的、固定不变的对存在的把握。它向世界敞开,是此在在世界之中与在世存在者的照面,并在这一境遇中对存在进行把握。这种把握具有整体性,并成为此在现实的世界经验。真理指向的意义世界奠基于生活世界,并不断向我们展现包括文学、伦理、宗教等众多精神科学的世界。

一、科技时代的技术本质

我们对于自己活在一个科技时代毫无疑问。那么科技时代究竟是怎样一个时代呢?这个看似简单的问题其实并不容易回答,因为从18世纪中叶的工业革命以来,300多年的人类科学技术进步已经远远超越了我们的想象,让今天的人类文明呈现出前所未有的景象。18世纪中叶到19世纪中叶,人类开始进入蒸汽时代和钢铁时代,纺织工业、采矿工业和冶金工业的发展改变了农业经济的基本面貌,也极大地促进了交通运输工具的发展。19世纪中叶到20世纪初,人类开始进入电气时代和信息革命时代。这一阶段非常明显的特征是以大量生产技术的发展为特征。20世纪中叶之后人类进入科技时代,航天科技、生物克隆技术及计算机技术的飞速发展带来了新的产业革命。人类在短短300多年之间的科技发展有数不尽的发明与创造。这里我们用一个简单的交通工具发展的例子来说明:在工业革命前的帆船时代,从英国横渡大西洋到达北美洲需要几个月的时间;到了19世纪中叶,乘坐蒸汽轮船大约需要40天;第二次世界大战期间和战后几年,当时航速最快的最大客轮"玛丽皇后"号横渡大

---

① 冈特·绍伊博尔德.海德格尔分析新时代的技术[M].宋祖良,译.北京:中国社会科学出版社,1993:134.

西洋需要七八天的时间；1957年，大型喷气式客机的处女航只用了七八个小时。高速成了科技时代的时代精神，谁也阻挡不住人类对高速的追求，当代人被捆绑在高速上。诚然，人性有追求高速的倾向，但内心的宁静却不是高速能带来的，而是徐缓的大自然的律动所带来的。在高速发展的科技时代，心灵的宁静何处安置是我们整个时代的困惑。

海德格尔在1953年发表的题为《技术的追问》的演讲让我们对技术的本质有了深刻的反思。在海德格尔看来，"技术不同于技术之本质"①。正如我们要找寻树的本质时会发现，那个支配着树之所以为树的东西并不是一棵树。也就是说，技术的本质并不是什么技术因素，因此通过找出或回避技术因素，并不能让我们经验到我们与技术之本质的关系。我们常常会认为技术是某种中性的东西，因此我们便听任技术的摆布。一般的观念认为，技术是合目的的手段和人的行为。"技术之所是，包含着对器皿、仪器和机械的制作和利用，包含着这种被制作和被利用的东西本身，包含着技术为之效力的各种需要（Bedürfnisse）和目的。这些设置的整体就是技术。技术本身乃是一种设置（Einrichtung），若用拉丁语来讲，就是一种 instrumentum（工具）。"② 从技术的这一定义来看，现代技术并不因其技术之复杂或工序之繁琐而高于古代技术，因为它依然是一个合目的的手段。然而现代技术似乎给我们要在精神上操控它的想法带来了困难。海德格尔说："技术愈是有脱离人类的统治的危险，对于技术的控制意愿就愈加迫切。"③ 20世纪核技术的发展就给人类的生存带来了这样的困惑。利用核技术制造的原子弹和氢弹具有毁灭性的杀伤力，而核电站给能源短缺的人类带来巨大的能量的同时也成了无法完全控制的潜在污染源。生物克隆技术带来的无性繁殖的可能性对宗教的挑战无疑让人类也陷入了技术控制的迫切要求和恐慌中。

海德格尔指出，技术的工具性规定没有向我们清晰地表明技术的本质，但在对因果性观念的原初澄明中，我们才能真正领会技术之本质。长期以来，我们习惯于把原因看成起作用的东西，但是在希腊思想中，"原因"一词的意思是招致另一个东西的那个东西。亚里士多德的质料因、形式因、目的因和效果

---

① 马丁·海德格尔. 演讲与论文集 [M]. 孙周兴, 译. 北京：生活·读书·新知三联书店, 2005: 3.
② 马丁·海德格尔. 演讲与论文集 [M]. 孙周兴, 译. 北京：生活·读书·新知三联书店, 2005: 4.
③ 马丁·海德格尔. 演讲与论文集 [M]. 孙周兴, 译. 北京：生活·读书·新知三联书店, 2005: 5.

因乃是相互紧密联系在一起的招致方式。海德格尔认为所谓的招致就是把某物带入无蔽领域而让其显现，也就是说，招致就是"让在场"，就是把某物从遮蔽状态带入无蔽状态从而使之成立。由此，海德格尔揭示了"技术之本质是一种解蔽方式。技术乃是在解蔽和无蔽状态的发生领域中，在无蔽（αληθεια）即真理的发生领域中成就其本质的"①。和古希腊的技艺一样，现代技术也是一种解蔽，解蔽贯通并且统治着现代技术。

海德格尔敏锐地发现，"在现代技术中起支配作用的解蔽乃是一种促逼，此种促逼向自然提出蛮横要求，要求自然提供本身能够被开采和贮藏的能量"②。举个简单的例子，农民从前耕作田地意味着对土地的关心和照料，农民的行为并不是促逼耕地。而现代农业已经是在促逼（强迫）意义上摆置自然了。耕作成了机械化的食物工业。现代技术的这一强制性特征对自然能量的摆置、动员和开采是命令式的揭示方式。为了不断更新的需求，现代技术不断地促逼生产的运转，自然被不断地消耗，这一切都规定并统治着当今的人类社会。在探讨技术的本质中，海德格尔使用了德语的"Gestell"一词，该词的意思是某种用具，也有骨架的意思，譬如一个书架。宋祖良在翻译冈特·绍伊博尔德的《海德格尔分析新时代的技术》一书时将"Gestell"译为"座架"。"海德格尔在引入他的概念'座架'时举过两个生词的仿效构词的例子。人们称一定数量的山的联合体为山脉，称情感的统一体为性情。因此，靠带前缀'Ge'的名词，总是产生了许多同属物的统一性的建立。正是这'原始会集者'应该使'座架'这个词得到表达：会集（联合）自然和世界的技术展现的多种方式。因此，'座架'这个词的构成不是什么任意的东西，而是源于对语言的真正理解的一件事。"③"座架"一词似乎恰恰印证了海德格尔常常受到的"诗意的概念"的谴责。海德格尔到底想通过这一概念揭示什么呢？

通过新的概念的引入，海德格尔驳斥了现代技术的工具性的规定。工具性的规定将现代技术看成目的的手段。在海德格尔看来，手段不是单纯的手段，而总是决定了人与事物、自然和世界处在什么样的关系中。海德格尔的"座架"揭示了现代技术真正的和从未有过的东西。"由于现代技术，在迄今一切

---

① 马丁·海德格尔. 演讲与论文集[M]. 孙周兴, 译. 北京：生活·读书·新知三联书店，2005：12.
② 马丁·海德格尔. 演讲与论文集[M]. 孙周兴, 译. 北京：生活·读书·新知三联书店，2005：12-13.
③ 冈特·绍伊博尔德. 海德格尔分析新时代的技术[M]. 宋祖良, 译. 北京：中国社会科学出版社，1993：61.

对事物和自然构造来说重要的神话的、自然主义的、唯灵论的或神圣的方式的视野纷纷退出历史舞台后，事物唯一地从技术交往中被构造，以至于它们的存在只能显示为千篇一律的功能性的材料，显示为可统治的可耗尽的可预测的对象。因此，新时代技术不是单纯的手段，而是自然、世界和人的构造。"① 人虽然能够决定制造或是不制造这台或那台机器，建立或是不建立这个或是那个发电厂，但是他并不能支配这种行动的可能性的条件。人的全部努力（如能量探求、能量提供、能量使用）之所以能这样做，只是因为自然也作为能量提供者与他发生关系，以这种交往方式，按照这种可使用性，去满足他。

　　海德格尔的"座架"概念究竟揭示了什么呢？"座架"的引入有两层含义。一方面，它意味着一旦自然界被摆置在供应能量的一方，人就被安排来应对被生产出来的能量。人在向自然索取与挑战的同时，也在不断地向自身挑战。对自然的促逼越是严重，人自身遭受的促逼也就越严重。也就是说，现代技术的本质不是作为人的手段而受制于人的，人自身也被卷入促逼的普遍性强制中，并和自然一起归属于生产的可订造性中。另一方面，"座架"从原则性的高度揭示了我们与技术之本质的关系。我们并非与技术之本质的关系中处于支配地位，相反，我们也同样处于座架的本质领域中，并通过从事技术工作参与这一解蔽活动。追问技术的本质实际上就是追问我们如何投入到作为技术之本质的座架中。只有在追问中，我们才把握了技术之本质，并可能在对现实的领会中开启一种新的可能性。

　　海德格尔对技术之本质的解释不仅指明了现代技术的历史性特征，也揭示了现代技术的存在论建制。"但是，这种历史性发生的现实的历史前提——资本与雇佣劳动的分离，却始终未能进入海德格尔技术之思的视野。正是在这里，海德格尔的技术之思显示出了自身的限度。"② 但我们依然看到海德格尔对技术的追问给我们带来的对无蔽之真理的哲思，而这种哲思引导我们去探究艺术，因为艺术乃是一种唯一的、多重的解蔽。"由于技术之本质并非任何技术因素，所以对技术的根本性沉思和对技术的决定性解析必须在某个领域里进行，该领域一方面与技术之本质有亲缘关系，另一方面却又与技术之本质有根本的不同。这样一个领域就是艺术。当然，只有当艺术的沉思本身没有对我们

---

　　① 冈特·绍伊博尔德. 海德格尔分析新时代的技术 [M]. 宋祖良, 译. 北京：中国社会科学出版社, 1993：63.
　　② 余在海. 技术的本质与时代的命运——海德格尔《技术的追问》的解读 [J]. 世界哲学, 2009 (5).

所追问的真理之星座位置锁闭起来时，才会如此。"① 在海德格尔看来，一味追求科学技术之发展，沉溺于物质的世界，以此来满足各种欲望，这就是忘掉了作为人的意义，完全成了一种"理性的动物"，只能通过理性工具来谋求自己的福利，妄图控制自然。海德格尔对技术的追问最终指向对存在之思的广阔领域——艺术。艺术在此是广义上的，除了艺术品，还包括诗意的语言。从本源上来说，语言并非仅仅是客观描述的、知识性的，而是发抒性的、存在性的。最原始的语言是诗的语言、历史性的语言，"诗"与"史"在远古的时候是不可分割的。

二、意义世界构建的重要性

在当今的科技时代，技术导致的一个后果就是，它支配人类社会、公众意见的形成，每个人的生活行为、每个人对职业和家庭中时间的安排到了使我们震惊的地步。在此，形而上学和宗教并没有像它们自称的那样给出令人信服的回答。毫无疑问，语言问题已经在21世纪的哲学中获得了一种中心地位。它的中心地位既不同于洪堡特的语言哲学，也不同于一般的语言科学和语言学的主张。语言的中心地位归功于语言对实践的生活世界的重新确认。我们一开始就作为社会的人生活在这种中介中，语言作为中介展示了我们生存于其中的那种全体性。指向整体这种实际情况存在于语言之中。但是，"如果人们正在处理科学符号系统——在任何既定情况下，它都为既有的研究领域所完全决定——那种独白式的谈话方式时，指向整体的情况并不发生。但是，凡是在真正的谈话繁盛的地方，也就是两个谈话者围绕主题进行交谈而发生交流的地方，作为指向整体的语言就要发生作用。"② 在任何有交往发生的地方，语言不仅被使用，它还被成型。从苏格拉底的启发式谈话和那种对于逻各斯的辩证的追寻，到黑格尔的辩证法的语言，思想推动了语言，并使自身转变为语言。

海德格尔的语言观在《在通向语言的途中》一书中展现得淋漓尽致。海德格尔说："如果我们一味地把注意力集中在人之说话上面，如果我们仅仅把人之说话当成人类内心的表达，如果我们把如此这般被表象的说话视为语言本身，那么，语言之本质就始终只能显现为人的表达（Ausdruck）和活动。但是，人之说话作为终有一死者的说话并不是以自身为本根的。终有一死者的说

---

① 马丁·海德格尔. 演讲与论文集 [M]. 孙周兴, 译. 北京: 生活·读书·新知三联书店, 2005: 36.

② 伽达默尔. 科学时代的理性 [M]. 薛华, 等译. 北京: 国际文化出版公司, 1988: 4.

话植根于它与语言之说的关系。"① 海德格尔否定的是把语言仅仅当成工具，或看成人为了交往而发展起来的一种功能。海德格尔是从现象学存在论的立场来思考语言的，他要我们"学会在语言之说中栖居"②，也就是要设身处地地来体验原始的状态，并在这之中去把握语言的本质。海德格尔所说的"在路上"就是要亲身体验，去体察语言的特点，而不是把语言看成事实对象来观察。只有亲身体察，才能掌握语言的本源性意义，而不是用抽象概念把它分割得支离破碎。我们难道不是被科学方法引导走向对语言的精准分析的吗？海德格尔的诠释学对语言的阐释不仅从理论上，更重要的是从实践上让"语言说话"。这也是为什么海德格尔常常用诗意的语言来言说。海德格尔对斯蒂芬·格奥尔格的诗《词语》③做了深入的分析。

词 语

我把遥远的奇迹或梦想，
带到我的疆域边缘
期待着远古女神降临
在她的渊源深处发现名称——
我于是把它掌握，严密而结实
穿越整个边界，万物欣荣生光辉……
一度幸运的漫游，我达到她的领地
带着一颗宝石，它丰富而细腻
她久久地掂量，然后向我昭示：
"如此，在渊源深处一无所有。"
那宝石因此逸离我的双手
我的疆域再没有把宝藏赢获……
我于是哀伤地学会了弃绝：
词语破碎处，无物可存在。

海德格尔尝试将这首诗的最后一句改成"词语破碎处，无物存在"。某物破碎处，就是有裂口和损害。对某事物造成损害就意味着从这个事物那里取走某个东西，使它缺失某个东西。词语破碎处，也就是词语缺失处，无物存在。只有我们能支配的词语才赋予物以存在（Sein）。Dasein 的结构中有人的存在，没有作为 Dasein 的人，也就没有存在，没有存在的意义。人是"话"的传递

---

① 海德格尔. 在通向语言的途中 [M]. 孙周兴，译. 北京：商务印书馆，2004：25.
② 海德格尔. 在通向语言的途中 [M]. 孙周兴，译. 北京：商务印书馆，2004：27.
③ 海德格尔. 在通向语言的途中 [M]. 孙周兴，译. 北京：商务印书馆，2004：215-216.

者，人用语言守护"存在"，人是存在意义的保持者。"语言是存在之家"难道不是说人的真正归宿是语言构造的吗？难道不是说人的宿命是在语言构造的意义世界中与存在共在吗？海德格尔之所以喜欢诗意的语言，是因为它揭示存在。而比诗更为深层的是"思"。海德格尔的思想发展后期，他从对"诗"的思考走向对"思想"本身的思考。在海德格尔看来，思想既不是理论性的，也不是实践性的，语言、诗、思想和Dasein同样是原始的。思想与存在是不可分地融合在一起的。对海德格尔来说，在现代社会"无思想"的危机中，拯救的力量就是诗意般的栖居。

伽达默尔比海德格尔走得更远，他认为修辞学与诠释学具有同一性，两者的同一性就在于实践性。伽达默尔认为："诠释学与修辞学之间的统一关系是在于每一种理解行动都是讲话行动的逆向，因为我们必须把握那种作为话语基础的思想。"[1] 修辞学是讲话的艺术，诠释学是理解的艺术，由于讲话与理解的密切关系，因而修辞学与诠释学需要统一。按照伽达默尔的看法，修辞学与诠释学都不是逻辑理论，而是实践能力。他说："修辞学并非只是讲话形式的理论和说服的手段，而是从一种自然的能力发展成实际的技能，无须对它的手段做任何理论反思，这是众所周知的。同样，理解的艺术——它总是同时就是它的手段和方法——当然也并不直接依赖于它据以遵从其规则的意识。在理解的艺术中，每个人都具有的自然能力也转变成一种能力，人们可以通过这种能力通达到一切他者，而理论则至多只能问个为什么。"[2] 修辞学与诠释学的这种同一特征，具有维护自身不受科学理论限制的自主权利。因此，面对现代科学理论和科学哲学的片面性，哲学不可避免地转向了修辞学并要求恢复这一传统。

对隐喻的诠释不是现代修辞学意义上的分类研究，而是恢复它的原始传统，恢复它的本源性特征。在这种意义上，隐喻是本源的语言，而本源性的语言的意义，既不是实物对象的映像，也不是主题制定出来的概念，而是事物本身的显现。当利科讨论隐喻具有重新描述世界的力量时，作为修辞学的隐喻揭示了世界。这是一个我们所能"看到"和"听到"的世界。就是这个意义的世界中产生了科学意义背景下的意义，而不是相反的。世界万物不是存在物的总和，因此它不是肉眼看到的世界，而是"说"出来的世界，是理解的世界，它是从"意义"上来说的"我"的生活世界。人从未把一种意义给予世界，

---

[1] 洪汉鼎. 理解与解释——诠释学经典文选 [M]. 北京：东方出版社，2001：49.
[2] 汉斯-格奥尔格·伽达默尔. 诠释学Ⅱ：真理与方法 [M]. 洪汉鼎，译. 北京：商务印书馆，2010：234.

但我们生活的世界的"意义"只对我们生活的人开放。语言的本源性尤其反映在诗意的语言中。诗"揭示"一个世界，传达一种信息，而不是传达一种知识。诗不是对自然的模仿，而是把世界的真理揭示出来，而被揭示的世界就是意义的世界。

  诗的想象所开启的可能世界允许我们作为在世存在的自己的新的理解。人类主体只能通过解释性符号这一诠释学之路，通过解析人类想象所产生的神话、象征和梦幻所包含的意义来认识其自身。卡西尔的象征哲学认为，人的世界就是由这些象征或符号不断建构的。他说："认知、语言、神话、艺术，没有一种是单纯的镜子，没有一种是简单地反映内心或外界材料的影像。它们不是冷漠的工具，而是认知之光的真正源泉，是认知的先决条件，是全部认知构成的源泉。"[①] "神话和艺术、语言和科学，都是通向存在的构造物：它们不是现存实在的简单模本，它们表现着精神运动和思想过程的主要方向。这个精神的运动过程为我们构成实在，这个实在既是一又是多——意义的统一性最终把形式的多样性拢合起来。"[②] 想象具有一种筹划新世界的力量，想象产生的隐喻、象征或叙述为我们提供了新的方式来设想世界。我们借助想象去认识，但不是通过影像来传达的，而是通过我们语言中出现的意义来传达的。意义世界的构建不是在科学理论意义上的，意义世界的构建需要恢复其原有的语言性和实践性。只有这样，人才能在其生活的世界中理解在此在中显现的世界，并把握其意义。

---

① 恩斯特·卡西尔. 语言与神话 [M]. 于晓，等译. 台北：台湾桂冠图书公司，1990：203.
② 恩斯特·卡西尔. 语言与神话 [M]. 于晓，等译. 台北：台湾桂冠图书公司，1990：220.

第六章　结论

　　从诠释学视域出发对隐喻和真理进行探讨，使围绕着隐喻和真理的诸问题得到了合理的诠释。海德格尔此在诠释学对存在和真理问题的澄清和伽达默尔哲学诠释学对理解的真理性的探讨为本研究奠定了坚实的理论基础，保罗·利科隐喻诠释学则为本研究提供了研究的范式。隐喻作为表达，不是简单的名称转移，而是"此在"在生存境域中对存在的理解，隐喻是存在在"此"中的显现。隐喻是此在与世界打交道中的世界经验，它构造了人的意义世界。

　　隐喻之所以能够在所有领域的文本或话语中发挥作用，就在于隐喻不是简单的名称转移，它是此在在生存境域中的存在理解。隐喻是存在在"此"中的显现，是此在对存在的领会。具有语言始源性特征的隐喻是此在与世界打交道中的世界经验。然而西方哲学史上肇始于巴门尼德的对确定性真理的追求，使隐喻的地位被束缚在修辞学和诗学领域，也因此而远离真理。隐喻从古希腊到中世纪的事实性繁荣并没有改变它的工具性地位。笛卡尔之后，近代科学对方法论和认识论的重视让隐喻急剧退场。虽然康德和黑格尔在美学领域肯定了隐喻的作用，隐喻的退场依然是时代的选择。在 20 世纪，隐喻成为焦点问题，认知科学、分析哲学、科学哲学和诠释学等领域对隐喻的关注让隐喻问题进一步凸显出来。本研究在诠释学视域下对隐喻的研究从基础理论层面厘清了隐喻和真理的关系，即隐喻是作为存在之真理的显现。

　　海德格尔对存在和真理问题的澄清成为本书对隐喻与真理关系进行探讨的重要理论基础。传统的对存在问题的探讨是有问题的，要阐明存在问题实际上是要审视存在的方式和如何在概念上把握意义。人对存在的理解不是一种孤立的能力，而是他的基本存在方式。存在问题也就是存在的真理问题。真理不是知与物相符合的判断或陈述，而是揭示状态或揭示着的存在。真理就是无蔽，它的可揭蔽性与事件性密切联系，真理之无蔽的发生就是人的生存之基本事件。

　　认识的真理不能规定存在之真理，因为存在之真理是源始的真理，是认识的真理的基础。在存在之真理的层面我们才能探讨隐喻的本体论意义，因为隐喻是具有始源性特征的，它先于逻辑而存在，不能用逻辑分析的方式去把握。在诠释学视域下，隐喻是此在的存在理解，它具有话语性和开放性特征。由于真理和隐喻都具有生存论结构，它们是密切联系的关系。隐喻是此在在生活实践的境域中、在对话的语境下，对存在的理解。作为无蔽之真理的显现，隐喻伴随着无蔽之真理事件的发生而开启新的"世界"。

由于世界是作为此在的基本结构要素，因此此在本质上是与世界一起展现的，在此在中被揭示的存在也具有世界性。存在之真理指向的正是意义世界。意义世界作为生存论—存在论意义上的概念，是此在的存在展示，它不是一个现成存在的世界，而是一个能在的存在。意义世界展现的是此在对世界的理解，而这种理解只有在语言中才能实现。作为世界经验的隐喻正是在显现意义世界的同时构造了意义世界。

从诠释学的视域论证隐喻与真理的关系具有重要的理论意义。在诠释学视域下，我们可以回归前科学的生活世界，从而发现人类生存的最基本方式，即存在理解。隐喻的虚构性并不仅仅在修辞学和诗学中发挥作用，它是语言最核心的特性。我们的语言具有无限的开放性，它不因语词已有的日常字面义而陷入无法自拔的境地，而是可以通过隐喻向世界敞开，并在现实的基础上进行虚构来显现新的世界和新的理解。隐喻通过虚构带来开放的视域，使我们对世界的把握可以融入已有的视域中，从而揭蔽真理展现意义世界。对隐喻本体论意义的揭示为精神科学的真理性奠定了基础，尤其是文学的经验。一首诗或一部文学作品的真理性不在于它所言说的是事实，而在于它揭示了存在的可能性，同时也构造了我们的存在理解，即意义世界。精神科学与科学同样衍生于源始的真理（存在之真理），它不应受到科学方法论和认识论的限制。

从诠释学的视域去论证隐喻与真理的关系具有重要的现实意义。随着科技的不断发展，在科技领域自身和时代生存危机的双重作用下，隐喻又重新成为焦点问题。科学理论不断向宇观和微观层次发展，使自然科学涉及的对象已经开始超出人类观察能力的范围而变得越来越抽象。在这种情况下，科学概念不得不依赖隐喻来表达，同时隐喻在科学理论的建构中也发挥了基础性的重要作用。隐喻得以重新出场的另一个重要原因是近代自然科学给人类带来的生存危机。海德格尔认为新时代科学的技术本质让技术处于众多科学都承认的突出地位。新时代的科学，主题不仅由方法提出，也被置于方法之下，越来越多地通过技术的方法加以推动。这一过程充分体现的是技术的特性：统治、加工、齐一性和物质化。现代技术的这些特性已经广泛地渗透到人类社会生活的每一个角落，并以一种不依赖人的形式将我们限制在技术的齐一性和物质性中。比如，在现代社会生活中，手机已经成了人们必不可少的通信设备，然而由于技术不断将各种功能置入手机中，人对手机的依赖已经超出了人对工具的依赖。手机已经不是被人使用的工具，而是成为摆置人的存在的"座架"。科学技术的不断发展，在给我们带来生活的舒适和解放的同时，也在另一层面吞噬着我们作为人所具有的对存在和世界进行把握的自由。

从诠释学视域出发论证隐喻与真理的关系，并不是要否定科学真理的地位，而是要给精神科学应有的地位。海德格尔的"语言是存在之家"不仅给存在找到了它的居所，更是给人类找到了摆脱生存危机的出路。精神科学不是可有可无的东西，而是关乎我们的生存意义和生存价值的精神源泉。要想找回我们丢失的意义和价值，我们必须恢复精神科学的合法地位即真理性地位，从而真正构建我们完美的自由世界。

参考文献

1. 外文文献部分

[1] A P MARTINICH. The Philosophy of Language [M]. Oxford: Oxford University Press, 2008.

[2] ARISTOTLE. On Rhetoric: A Theory of Civil Discourse [M]. 2nd edition. trans. George A Kennedy, New York: Oxford University Press, 2007.

[3] ARISTOTLE. The basic Works of Aristotle [M]. RICHARD MCKEON. New York: The Modern Library, 2001.

[4] ANDREW ORTONY. Metaphor and Thought [M]. Cambridge: Cambridge University Press, 1993.

[5] ANTONIO BARCELONA. Metaphor and Metonymy at the Crossroads: A Cognitive Perspective [M]. Berlin: Mouton de Gruyter, 2000.

[6] CHRISTINE BROOKE-ROSE. A Grammar of Metaphors [M]. London: Mercury Books, 1965.

[7] CLAUDELEVI-STRAUSS. Structural Anthropology [M]. New York: Basic books, 1974.

[8] EDMUND HUSSERL. Ideas Pertaining to a Pure Phenomenology and to a Phenomenological Philosophy [M]. trans. F KERSTEN. Boston: Martinus Nijhoff Publishers, 1983.

[9] GEORGE LAKEOFF. Women, Fire, and Dangerous Things: What Categories Reveal about the Mind [M]. Chicago: The University of Chicago Press, 1987.

[10] GEORGE LAKEOFF, MARK JOHNSON. Philosophy in the Flesh — The Embodied Mind and Its Challenge to Western Thought [M]. New York: Basic books, 1999.

[11] GILLES FAUCONNIER. Mapping in Thought and Language [M]. Cambridge: Cambridge University Press, 1997.

[12] IVOR A RICHARDS. The Philosophy of Rhetoric [M]. Oxford: Oxford University Press, 1965.

[13] JONANSON CULLER. The Pursuit of Signs [M]. New York: Cornell University Press, 1981.

[14] MARY B HESSE. Models and Analogies in Science [M]. Notre Dame: University of Notre Dame Press, 1966.

[15] MARTIN HEIDEGGER. The Principle of Reason [M]. trans. REGINALD LILLY. Bloomington: Indiana University Press, 1991.

[16] MARTIN HEIDEGGER. Plato's Sophist [M]. trans. RICHARD ROJCEWICZ, ANDRE SCHUWER. Bloomington: Indiana University Press, 1997.

[17] MARTIN HEIDEGGER. Being and Truth [M]. trans. GREGORY FRIED, RICHARD POLT. Bloomington: Indiana University Press, 2010.

[18] MAX BLACK. Models and Metaphors [M]. New York: The Cornell University Press, 1962.

[19] OSCAR LEVY. The Complete Works of Frederick Nietzsche [M]. New York: Gordon Press, 1974.

[20] PATRICIA CURD. A Presocratics Reader—Selected Fragments and Testimonia [M]. Indianapolis: Hackett Publishing Company Inc., 1996.

[21] PAUL RICOEUR. The Rule of Metaphor [M]. trans. ROBERT CZERNY. London: Routledge & Kegan Paul, 1978.

[22] RENÉ WELLEK. A History of Modern Criticism: Vol. 2 [M]. Cambridge: Cambridge University Press, 1981.

[23] RENÉ WELLEK. A History of Modern Criticism: Vol. 3 [M]. Cambridge: Cambridge University Press, 1983.

[24] RENÉ WELLEK. A History of Modern Criticism: Vol. 5 [M]. New Heaven & London: Yale University Press, 1986.

[25] SHELDON SACKS. On Metaphor [M]. Chicago: University of Chicago Press, 1978.

[26] VICO. The First New Science [M]. LEON POMPA. Cambridge: Cambridge University Press, 2002.

[27] WILLIAM B STANFORD. Greek Metaphor [M]. Oxford: Basil Black-

well, 1972.

2. 中文译本文献部分

[1] A. P. 马蒂尼奇. 语言哲学 [M]. 牟博, 等译. 北京: 商务印书馆, 1998.

[2] 安东尼·肯尼. 牛津西方哲学史: 第二卷 [M]. 袁宪军, 译. 长春: 吉林出版集团有限公司, 2010.

[3] 巴门尼德. 巴门尼德著作残篇 [M]. 大卫·盖洛普, 英译. 李静滢, 汉译. 桂林: 广西师范大学出版社, 2011.

[4] 拜伦, 雪莱, 济慈. 拜伦雪莱济慈诗精选 [M]. 穆旦, 译. 武汉: 长江文艺出版社, 2011.

[5] 保罗·利科. 活的隐喻 [M]. 汪堂家, 译. 上海: 上海译文出版社, 2004.

[6] 保罗·利科. 恶的象征 [M]. 公车, 译. 上海: 上海世纪出版集团, 2005.

[7] 保罗·利科. 解释的冲突 [M]. 莫伟民, 译. 北京: 商务印书馆, 2008.

[8] 保罗·利科. 诠释学与人文科学: 语言、行为、解释文集 [M]. J. B. 汤普森, 编译. 孔明安, 等译. 北京: 中国人民大学出版社, 2012.

[9] 柏拉图. 文艺对话集 [M]. 朱光潜, 译. 北京: 人民文学出版社, 1963.

[10] 柏拉图. 理想国 [M]. 郭斌和, 张竹明, 译. 北京: 商务印书馆, 1986.

[11] 柏拉图. 柏拉图全集: 第二卷 [M]. 王晓朝, 译. 北京: 人民出版社, 2003.

[12] D. J. 奥康诺. 批评的西方哲学史 [M]. 洪汉鼎, 等译. 北京: 东方出版社, 2005.

[13] 笛卡尔. 谈谈方法 [M]. 王太庆, 译. 北京: 商务印书馆, 2000.

[14] 恩斯特·卡西尔. 语言与神话 [M]. 于晓, 等译. 台北: 台湾桂冠图书公司, 1990.

[15] 费尔迪南·德·索绪尔. 普通语言学教程 [M]. 刘丽, 译. 北京: 中国社会科学出版社, 2009.

[16] 冈特·绍伊博尔德. 海德格尔分析新时代的技术 [M]. 宋祖良, 译.

北京：中国社会科学出版社，1993.

［17］汉斯-格奥尔格·伽达默尔. 诠释学Ⅰ：真理与方法［M］. 洪汉鼎，译. 北京：商务印书馆，2010.

［18］汉斯-格奥尔格·伽达默尔. 诠释学Ⅱ：真理与方法［M］. 洪汉鼎，译. 北京：商务印书馆，2010.

［19］黑格尔. 美学：第二卷［M］. 朱光潜，译. 北京：商务印书馆，2010.

［20］胡塞尔. 纯粹现象学通论［M］. 李幼蒸，译. 北京：商务印书馆，1996.

［21］胡塞尔. 欧洲科学的危机与超越论的现象学［M］. 王炳文，译. 北京：商务印书馆，2001.

［22］霍布斯. 利维坦［M］. 张金言，译. 北京：商务印书馆，2010.

［23］伽达默尔. 科学时代的理性［M］. 薛华，等译. 北京：国际文化出版公司，1988.

［24］康德. 判断力批判［M］. 邓晓芒，译. 北京：人民出版社，2002.

［25］罗素. 人类的知识［M］. 张金言，译. 北京：商务印书馆，2010.

［26］M. H. 艾布拉姆斯. 文学术语词典［M］. 吴松江，主译. 北京：北京大学出版社，2009.

［27］马丁·海德格尔. 面向思的事情［M］. 陈小文，孙周兴，译. 北京：商务印书馆，1999.

［28］马丁·海德格尔. 路标［M］. 孙周兴，译. 北京：商务印书馆，2001.

［29］马丁·海德格尔. 林中路［M］. 孙周兴，译. 上海：上海译文出版社，2004.

［30］海德格尔. 在通向语言的途中［M］. 孙周兴，译. 北京：商务印书馆，2004.

［31］马丁·海德格尔. 演讲与论文集［M］. 孙周兴，译. 北京：生活·读书·新知三联书店，2005.

［32］马丁·海德格尔. 论真理的本质：柏拉图的洞喻和《泰阿泰德》讲疏［M］. 赵卫国，译. 北京：华夏出版社，2008.

［33］马丁·海德格尔. 存在与时间［M］. 陈嘉映，王庆节，译. 北京：生活·读书·新知三联书店，2011.

［34］莫里斯·梅洛—庞蒂. 知觉现象学［M］. 姜志辉，译. 北京：商务印书馆，2001.

[35] 乔治·莱考夫，马克·约翰逊. 我们赖以生存的隐喻 [M]. 何文忠，译. 杭州：浙江大学出版社, 2015.

[36] 让·格朗丹. 哲学诠释学导论 [M]. 何卫平，译. 北京：商务印书馆, 2009.

[37] 让-雅克·卢梭. 论语言的起源：兼论旋律与音乐的摹仿 [M]. 洪涛，译. 上海：上海人民出版社, 2003.

[38] 托马斯·库恩. 科学革命的结构 [M]. 金吾伦，胡新和，译. 北京：北京大学出版社, 2003.

[39] 托马斯·曼. 浮士德博士 [M]. 罗炜，译. 上海：上海译文出版社, 2012.

[40] 亚里士多德. 诗学 [M]. 罗念生，译. 上海：上海人民出版社, 1995.

[41] 维柯. 新科学 [M]. 朱光潜，译. 北京：人民文学出版社, 2008.

[42] 威廉·冯·洪堡特. 洪堡特语言哲学文集 [M]. 姚小平，译. 北京：商务印书馆, 2011.

[43] 维特根斯坦. 哲学研究 [M]. 汤潮，范光棣，译. 北京：生活·读书·新知三联书店, 1992.

[44] 翁贝尔托·埃科. 符号学与语言哲学 [M]. 王天清，译. 天津：百花文艺出版社, 2006.

[45] 西塞罗. 论演说家 [M]. 王焕生，译. 北京：中国政法大学出版社, 2003.

[46] 亚里士多德. 尼各马可伦理学 [M]. 廖申白，译. 北京：商务印书馆, 2003.

[47] 伊万·斯特伦斯基. 二十世纪的四种神话理论 [M]. 李创同，张经纬，译. 北京：生活·读书·新知三联书店, 2012.

[48] 约埃尔·魏因斯海默. 哲学诠释学与文学理论 [M]. 郑鹏，译. 北京：中国人民大学出版社, 1991.

[49] 约翰·洛克. 人类理解论 [M]. 关文运，译. 北京：商务印书馆, 1983.

3. 中文著作文献部分

[1] 北京大学哲学系外国哲学史教研室. 西方哲学原著选读：上卷 [M]. 北京：商务印书馆, 1981.

[2] 陈中梅. 荷马的启示：从命运观到认识论 [M]. 北京：北京大学出

版社，2009.

[3] 郭贵春. 隐喻、修辞与科学解释 [M]. 北京：科学出版社，2007.

[4] 洪汉鼎. 理解的真理：解读伽达默尔《真理与方法》[M]. 济南：山东人民出版社，2001.

[5] 洪汉鼎. 诠释学：它的历史和当代发展 [M]. 北京：人民出版社，2005.

[6] 洪汉鼎. 诠释学与中国经典注释：诠释学研究文集 [M]. 北京：北京燕山出版社，2015.

[7] 蓝纯. 认知语言学与隐喻研究 [M]. 北京：外语教学与研究出版社，2005.

[8] 刘素民. 托马斯·阿奎那自然法思想研究 [M]. 北京：人民出版社，2007.

[9] 刘亚猛. 西方修辞学史 [M]. 北京：外语教学与研究出版社，2008.

[10] 洪汉鼎. 理解与解释：诠释学经典文选 [M]. 北京：东方出版社，2001.

[11] 苗力田. 古希腊哲学 [M]. 北京：中国人民大学出版社，1989.

[12] 倪梁康. 中国现象学与哲学评论：第四辑 [M]. 上海：上海译文出版社，2001.

[13] 倪梁康. 现象学的始基：胡塞尔《逻辑研究》释要 [M]. 北京：中国人民大学出版社，2009.

[14] 束定芳. 隐喻学研究 [M]. 上海：上海教育出版社，2000.

[15] 束定芳. 隐喻与转喻研究 [M]. 上海：上海外语教育出版社，2011.

[16] 孙周兴. 语言存在论 [M]. 北京：商务印书馆，2011.

[17] 王文斌. 隐喻的认知构建与解读 [M]. 上海：上海外语教育出版社，2007.

[18] 谢之君. 隐喻认知功能探索 [M]. 上海：复旦大学出版社，2007.

[19] 徐友渔，等. 语言与哲学：当代英美与德法传统比较研究 [M]. 北京：生活·读书·新知三联书店，1996.

[20] 杨大春. 语言·身体·他者 [M]. 北京：生活·读书·新知三联书店，2007.

[21] 张沛. 隐喻的生命 [M]. 北京：北京大学出版社，2004.

[22] 张汝伦. 二十世纪德国哲学 [M]. 北京：人民出版社，2008.

[23] 张汝伦.《存在与时间》释义：第一卷 [M]. 上海：上海人民出版

社，2012.

［24］张汝伦.《存在与时间》释义：第二卷［M］. 上海：上海人民出版社，2012.

［25］张尧均. 隐喻的身体：梅洛—庞蒂身体现象学研究［M］. 北京：中国美术学院出版社，2006.

［26］赵敦华. 现代西方哲学新编［M］. 北京：北京大学出版社，2001.

4. 论文文献部分

［1］A T NUYEN. The Kantian Theory of Metaphor［J］. Philosophy & Rhetoric，1989，95（22）：108.

［2］JANET MARTIN. Metaphor amongst Tropes［J］. Religious Studies，1981（17）：55.

［3］LAWRENCE M HINMAN. Nietzsche, Metaphor, and Truth［J］. Philosophy and Phenomenological Research，1982（43）：179.

［4］PAUL RICOEUR. Metaphor and the Main Problems of Hermeneutics［J］. New Literary History，1974（6）：95.

［5］SAMUEL R LEVIN. Aristotle's Theory of Metaphor［J］. Philosophy & Rhetoric，1982（15）：24.

［6］安军，郭贵春. 玛丽·海西的科学隐喻思想［M］. 自然辩证法通讯，2006（6）.

［7］安军，郭贵春. 科学隐喻的认知结构与运作机制［J］. 科学技术与辩证法，2008（5）.

［8］高超. "唯物主义历史观"何以是"唯物主义"的历史观：一种认知隐喻学的解释方案［J］. 现代哲学，2017（5）.

［9］郭贵春，杨维恒. 基因理论发展过程中的隐喻思维［J］. 科学技术哲学研究，2011（5）.

［10］郭贵春，杨烨阳. 科学表征中的隐喻建模：基于语境实在论［J］. 哲学研究，2016（2）.

［11］何卫平. 伽达默尔的教化解释学论纲［J］. 武汉大学学报，2011（2）.

［12］洪汉鼎. 作为想象艺术的诠释学（下）：伽达默尔思想晚年定论［J］. 河北学刊，2006（2）.

［13］洪汉鼎. 哲学诠释学的基本特征［M］//洪汉鼎，傅永军. 中国诠释学：第六辑. 济南：山东人民出版社，2009.

[14] 胡浩. 隐喻的真 [J]. 自然辩证法研究, 2009 (7).

[15] 黄悦.《水死》中的神话原型与文化隐喻再探 [J]. 中国比较文学, 2017 (2).

[16] 李醒民. 科学革命的语言根源 [J]. 自然辩证法通讯, 1991 (4).

[17] 李醒民. 隐喻:科学概念变革的助产士[J]. 自然辩证法通讯, 2004 (1).

[18] 李正栓. 邓恩诗中圆形意象的生态和谐隐喻 [J]. 国外文学, 2010 (2).

[19] 林书武. R. W. Gibbs 的《思维的比喻性》评介 [J]. 外语教学与研究, 1997 (2).

[20] 刘耕华."游戏"与"对话":隐喻的诠释学 [J]. 国外文学, 2001 (1).

[21] 刘国英. 肉身、空间性与基础存在论:海德格尔《存在与时间》中肉身主体的地位问题及其引起的困难 [M] //倪梁康. 中国现象学与哲学评论:第四辑. 上海:上海译文出版社, 2001.

[22] 刘星,李桓威. 当代隐喻簇的认知研究 [J]. 科学技术哲学研究, 2017 (1).

[23] 刘宇红. 隐喻研究的哲学视角 [J]. 外国语, 2005 (3).

[24] 刘正光.《体验哲学——体验心智及其对西方思想的挑战》述介 [J]. 外语教学与研究, 2001 (6).

[25] 钱超英. 关于"美即是真、真即是美"——约翰·济慈《希腊古瓮颂》及其他 [J]. 外国文学研究, 1991 (1).

[26] 覃修桂,高旗. 意向图式及概念隐喻的哲学认识论意义 [J]. 中国外语, 2017 (2).

[27] 覃万历. 货币的隐喻学:马克思《资本论》中的"货币之谜"[J]. 现代哲学, 2017 (6).

[28] 孙毅,曾昕. 汉英反复隐喻同异合体的两翼孔见 [J]. 东北师大学报(哲学社会科学版), 2017 (4).

[29] 汪堂家. 隐喻诠释学:修辞学与哲学的联姻——从利科的隐喻理论谈起 [J]. 哲学研究, 2004 (9).

[30] 王勤学.《心中之身:意义、想象和理解的物质基础》评介 [J]. 国外语言学, 1996 (1).

[31] 王卓. 论丽塔·达夫诗歌中"博物馆"的文化隐喻功能 [J]. 国外文学, 2017 (1).

[32] 吴琳. 自然科学中的隐喻及其效力 [J]. 科学技术与辩证法, 2007 (1).

[33] 谢竞贤. 多模态视角下的隐喻:兼评 Charles Forceville 的隐喻研究

[J]. 外语学刊，2011（5）.

[34] 颜志科. 模因论视角下隐喻的生成、发展与传播［J］. 外语学刊，2011（4）.

[35] 余在海. 技术的本质与时代的命运——海德格尔《技术的追问》的解读［J］. 世界哲学，2009（5）.

[36] 张德禄，郭恩华. 多模态话语分析的双重视角——社会符号观与概念隐喻观的连接与互补［J］. 外国语，2013（3）.

[37] 赵博. 概念隐喻理论及其哲学意义［J］. 哲学动态，2016（3）.

后　记

本书在笔者的博士论文的基础上进一步拓展而成,出版的过程一波三折,多次延期。在本书即将出版之际,颇多感慨涌上心头,思绪也飞回到十年前攻读博士学位期间。那时笔者已经 37 岁,对于一个高校女教师来说,这是一个既令人尴尬又负担极重的年纪:孩子年纪尚小,行政工作和教学任务繁重,如果还需要挤出时间学习,无疑是一个巨大的挑战。然而,提升自己的渴望最终战胜了恐惧,笔者迈开了这重要的一步。

于笔者而言,这是一次"奥德修斯之旅",充满了各种迷茫与不确定性。对于本科学习英语语言的人来说,哲学是全新的领域,如何打破语言和哲学之间的界限成了笔者的主要课题。在职攻读博士学位,笔者已经没有年龄上的优势,但生活的经验和对生活的反思倒成了学习哲学最好的助力。对笔者来说,哲学课程虽有压力,却打开了另一扇窗户,让不一样的风景映入眼帘。之前在外国语言文学学科中的学习,总有一种"只见树木不见森林"的感觉,虽然也有语言学理论和文学理论的学习,但理论常常"悬置在空中"。哲学自上而下的反思,与语言自下而上的学习形成反向互补,让笔者能够站在理论的高度去审视语言与文学中的诸多问题。对诠释学的系统学习,让笔者不断发现语言、历史与哲学之间密不可分的关系,而这种关系也是 20 世纪哲学开始聚焦于语言的重要原因。在哲学系就读期间,笔者的第一导师文成伟教授带领笔者进入哲学的殿堂,第二导师秦明利教授带领笔者跨过语言文学的藩篱,使我能够在文学与哲学之间畅游。

学习哲学不仅给笔者的学术思维带来了理论性的建构,同时也给笔者带来了锻炼思维能力和参加学术交流的机会。在博士生期间参加的国内外学术会议让笔者有机会和更多的学者交流,拓宽了笔者的学术视野。2012 年 2 月,在美国夏威夷大学召开的"中西哲学经典诠释"国际学术研讨会上,笔者见识了中外学者在诠释学诸多问题上的激烈交锋,场面之壮观至今仍令笔者记忆犹新。这次会议不仅让笔者深刻地体会到哲学教授们在讨论问题时的全情投入与据理力争，同时也暗自庆幸可以用自己的语言优势与他们进行无障碍的交流。自此，笔者在实践中找到了语言与哲学的最紧密联系。

　　选择"隐喻"作为研究课题是充满冒险的思想旅程。在语言学、认知语言学、文学研究和哲学研究领域，"隐喻"是被研究得较多的课题，这对隐喻研究的创新性提出了更高要求。在博士生就读期间，笔者收集了大量的隐喻研究资料，并反复咀嚼给笔者带来诠释学视野的《存在与时间》《真理与方法》《活的隐喻》等名著。海德格尔的《存在与时间》从"此在"出发追问存在的意义，把时间看成此在存在的境域，对人的生存状况从结构上进行分析，在"世界之中"的人，也必将通过语言、领会等方式与事物打交道。海德格尔对语言的创造性使用，如"语言是存在之家"，与其说阐明了语言对于存在本质的重要价值，还不如说是自证了隐喻是语言最本质的特征。伽达默尔在海德格尔思想基础上，通过《真理与方法》详细地分析了人文主义传统对精神科学的意义。他以语言为主线的诠释学本体论转向，让语言的本体论地位得以彰显。伽达默尔将真理问题扩大到精神科学里的理解问题上，认为诠释学是理解、解释和阐发意义的科学，也是历史和语言的科学。如果说海德格尔对荷尔德林诗歌的哲学阐发，让"诗意地栖居在大地上"成为我们共同追求的目标，伽达默尔的"能够理解的存在就是语言"让我们深刻地体会到我们无时无刻不在对语言的理解和说明中存在，那么保罗·利科对"活的隐喻"的诠释则通过一条曲折的道路走向了语言本体论这一目标，并对数不胜数的前人的论述做了最为详实的解读，其进行诠释的风格堪称对诠释内涵的经典诠释。这三本诠释学的经典之作奠定了本书的理论基础，为笔者能够更好地驾驭各种研究文献提供了有力的理论视角。

　　"奥德修斯之旅"的结束不是回到家园，而是新的旅程的开始。隐喻的哲学研究给笔者的科研和教学都带来了巨大的启发。在隐喻研究的基础上，笔者将研究扩展到了对保罗·利科诠释学的深入研究上，并从理论间性和学科间性对文学进行哲学反思，最终形成了"保罗·利科象征诗学研究"课题，并获得2018年教育部人文社科研究一般项目的资助。博士生期间对哲学课程的学习为笔者的教学提供了丰富的营养，笔者主讲的"西方思想经典"课程，通过将课堂教学从讲座为主变成对话为主的模式，利用启发性问题引发思考，在学生与教师之间形成了以问题探讨为主导的课堂教学模式，教学收到了良好效果。

　　博士生期间的学习，让笔者能够不断抽离教师的角色，变成学生，在教与学、学与教的不断切换中，深刻感受教学相长的丰富内涵。回想自攻读博士学位以来，导师文成伟教授、秦明利教授在学术上给予笔者的哲学启蒙和引领，让笔者能够不断克服各种困难，勇往直前，无所畏惧。这段难忘的旅途上虽有无数的挫折和坎坷，但前行的意志没有改变，笔者将受用终生。

丁蔓

2021 年 5 月 25 日

于大连理工大学文科楼